KB064711

다라야의
지하
비밀 도서관

Les Passeurs de livres de Daraya
Une bibliothèque secrète en Syrie

by Delphine Minoui

다라야의
지하
비밀 도서관

**시리아 내전에서 총 대신 책을 들었던
젊은 저항자들의 감동 실화**

델핀 미누이 지음 | 임영신 옮김

더숲

다라야의 저항자들을 위하여

이 책은 폭발과 화염 속에서 책을 무기로 삼았던

어느 저항자들의 살아 있는 기록을 담았다.

———

'집이 많은 곳'이라는 뜻을 지닌 시리아의 작은 도시 다라야.

2011년부터 시작되어 35만 명이 넘게 사망했고,

약 1000만 명의 난민이 고통받고 있는 시리아의 내전 속에서,

다라야는 시리아 반군 거점지라는 이유로

정부군에 의해 봉쇄되고 만다.

식량도 의료품도 제공받지 못한 채

하루하루 죽음의 공포 속에서 살아가는 사람들.

하지만 그들은 무너진 폐허에서 찾아낸 책으로

지하 도서관을 만들기 시작한다.

그리고 그곳에서 약 2년간 함께 책을 읽고 강의를 열고 대화를 나눈다.

무너지지 않기 위해, 포기하지 않기 위해,

삶은 계속되어야 하므로.

———

2016년 주민들은 강제로 이주되어 마을을 떠나고

이 비밀스러운 도서관도 더 이상 존재하지 않게 되었다.

하지만 '이번 세기, 최악의 인도주의 위기'라고 불리는 시리아의 고통은

지금도 여전히 계속되고 있다.

* 차례 *

프롤로그

2015년 10월 15일, 이스탄불.

생경한 장면이었다. 지옥 같은 시리아에서 혈흔도 탄흔도 없이 무사히 빠져나온, 수수께끼 같은 사진 한 장. 책이 빼곡하게 들어찬 벽에 둘러싸인 두 남자의 옆모습. 한 명은 고개를 숙이고 펼친 책을 들여다본다. 또 한 명은 책장을 주의 깊게 살핀다. 둘 다 20대의 젊은이로, 한 명은 운동복 윗도리를 어깨에 걸치고, 나머지 한 명은 머리에 모자를 눌러썼다. 창문 하나 없이 폐쇄된 이 비밀 공간에서 두 사람의 얼굴을 비추는 인공의 불빛은 사진 속 장면의 생경함을 더욱 부각시켰다. 전쟁의 틈바구니에서 겨우 내쉬는 가냘픈 숨소리처럼.

이 사진이 나에게 말을 걸어왔다. 시리아의 젊은 사진작가 모임인 '시리아 사람들(Humans of Syria)'이라는 페이스북 페이지에서 우연히 이 사진을 보았다. 그리고 그 전설 같은 이야기를 읽어 내려갔다. 그것은 다라야 한복판에 있는 비밀 도서관에 관한 이야기였다. 크게 소리 내어 제목을 따라 읽었다. 다,라,야의 비밀 도서관. 다라야라는 세 음절에 많은 생각이 스쳤다. 다라야, 반군. 다라야, 포위된 곳. 다라야, 기아에 시달리는 곳.

나는 시리아의 수도 다마스쿠스(Damascus) 외곽에 있는 이 반군 지역을 다룬 기사를 많이 읽기도 하고 쓰기도 했다. 그곳은 2011년 평화적 시위의 발원지 중 하나로, 2012년부터 시리아의 대통령 바샤르 알 아사드(Bashar al-Assad)의 정부군이 포위하여 폭격한 곳이었다. 바로 그곳의 젊은이들, 총알이 빗발치고 감옥처럼 봉쇄된 도시의 지하에서 책을 읽고 책을 구하러 다닌 청년들의 발상이 나의 호기심을 사로잡았다.

이 사진에 숨겨진 이야기는 무엇일까? 그 이면에 어떤 모습이 있을까? 다른 각도에서 살펴볼 장면이 있을까? 사진 속 장면은 이제는 거리를 활보하기에 너무 위험해진 시리아로 나를 자석처럼 끌어당겼다. 스카이프(Skype)와 왓츠앱(WhatsApp)으로 전해진 호소의 메일 중에서 그 사진을 찍은 아흐마드 무자헤드(Ahmad Moudjahed)의 흔적을 마침내 찾아냈다. 아흐마드는 이 비밀스러운 아고라의 공동 설립자 가운데 한 명이었다. 인터넷 접속이 열악하여 어려움을 겪었지만, 아흐마드는 외부 세계와 접촉할 수 있는 유일한 숨구멍이었던 인터넷을 통해 황폐해진 자신의 마을과 무너진 집들, 화염과 폭발로 분진이 자욱한 현지의 소식을 나에게 들려주었다.

그렇게 소란한 가운데서도 무너진 건물의 잔해에서 수천 권의 책을 구해내어 모든 주민이 이용할 수 있도록 한 곳에 모아 만든 '책으로 된 피난처' 이야기도 해주었다. 아흐마드는 잿더미가 된 어느 저항자들의 도시에서 문화유산을 구해내고자 탄생한 이 프로젝트에 대해 몇 시간 동안 상세히 들려주었다. 쉴 새 없이 퍼붓는 폭격에 대해서도 이야기했다. 그리고 허기짐에 대해서도. 허기를 달래기 위해 책으로 만든 수프. 정신을 살찌우려고 미친 듯이 읽어댄 그 모든 책. 이 도서관은 포탄에 맞서는 그들만의 은밀한 요새였다. 책은 대중 교육을 위한 무기였다.

아흐마드의 이야기가 마음을 사로잡았다. 그의 가슴을 뛰게 만드는 이 평화의 노래는 다마스쿠스의 대통령이 그토록 억압하려 애쓰는 것이었다. 또한 아흐마드는 다에시*(Daesh)의 지하디스트**(jihadist)들이 제거하고 싶어 하는 지하세력의 일원이기도 하다. 오늘날의 분쟁이 영원히 지워버릴지도 모를 그들의 목소리는 반체제 혁명의 초기부터 평화적 시위의 확성기에서 터져 나온 제3의 목소리였다. 그들이 혁명에 관해 쓴 일기는 나에게 그것을 책으로 펴내라고 속삭이는 듯했다.

하지만 이 계획은 위험했다. 내가 겪기는커녕 보지도 못한 일을 어떻게 이야기한단 말인가? 어떻게 제대로 정보를 전달할 수 있겠는가? 쌓아 올린 책 너머로, 이 젊은이들이 세운 정치적 계획은 무엇인가? 아사드 정부가 바깥 세상을 향해 쏟아냈던 말처럼, 이들은 과연 이슬람의 군사인가? 아니면 그저 억압에 저항하는 군인인가?

이스탄불에서 다라야까지 얼마나 떨어져 있는지 거리를 계산해보았다. 1,500킬로미터. 이스탄불에서 다라야에 이르는 여러 가지 방법을 강구해보았다. 하지만 헛수고였다. 2010년 내가 레바논 베이루트(Beirut)에 살 때 여행한 이후

---

* 이슬람국가의 아랍식 명칭으로 일부 서방 언론에서 IS를 거부하는 명칭으로 사용된다.
** 무장 투쟁 노선을 따르는 이슬람 원리주의자

로 다마스쿠스에 갈 수 있는 언론인 비자를 받지 못했다. 설령 간다고 한들 포위된 수도 다마스쿠스의 근교까지 어떻게 접근하겠는가? 2015년 가을, 최소한의 인도적 지원을 하려던 유엔조차도 그곳에 접근하는 데 실패했다. 터널이나 지름길, 숨겨진 오솔길이 있을까? 아흐마드는 나와 통화하면서 모든 접근 통로가 봉쇄되었다는 사실을 확인해주었다. 이웃 마을인 모아다미야(Moadamyeh)로 통하는 좁은 길이 남아 있는데, 가장 공격적인 세력이 장악하고 있었다. 그 길을 주로 밤에 통과해야만 했으며, 저격수와 포탄의 위협 아래에 놓이게 된다.

그렇다고 해서 권력이 쳐놓은 철의 장막을 탓하며 이 이야기를 그대로 묻어야만 할 것인가? 텔레비전 안에서 지금 일어나고 있는, 이 폭력의 현장을 그저 바라보기만 하며 무기력한 증인으로 남아 있어야 할 것인가?

컴퓨터 화면으로만 볼 수 있는 어떤 동네의 모습에 눈을 뜨는 것, 그것은 현실을 부정확하게 전달할지도 모를 위험을 감수하는 것이다. 반면에 눈을 감는 것, 그것은 그 마을의 말문을 틀어막는 것이다. 바샤르 알 아사드 정권은 다라야에 괄호를 치고 싶어 하고, 그곳을 꺾쇠괄호에 넣어 감금하고자 했다. 하지만 나는 그들에게 따옴표를 달아주고 싶었다. 그 첫 번째 사진 한 장과는 또 다른 그림들이 펼쳐지는 것을 보고 싶었다. 금지된 마을의 대략적인 윤곽만을 그리는 데 만족해야 할지라도 이 불완전한 선의 흔적을 좇는 위험을 감수할 준비가 되어 있었다. 모든 문이 이중으로 단단히 잠겼다고 해도 일러줄 말은 여전히 남아 있지 않은가?

쓴다는 것, 그것은 부조리를 알리고자 조각난 진실을 모으는 일이다.

며칠 뒤, 아흐마드에게 전화를 걸어 내 계획에 동참해달라고 요청했다. 아흐마드의 대답이 궁금해 조바심이 났다.

스카이프 전화선 너머로, 먼저 긴 침묵이 이어졌다.

나는 다시 질문했다.

"다라야 도서관에 대한 책을 써도 될까요."

갑자기 귀를 찌르는 웃음소리가 전화기 너머로 들려왔다. 끊임없이 되풀이되는 위협과 공포의 밤을 지내온 아흐마드에게 이 프로젝트는 한심한 웃음거리밖에 안 되는 것이 분명했다. 한바탕 날카로운 웃음소리가 지나가고, 아흐마드의 목소리가 다시 들려왔다.

"아흘란 와 사흘란!(Ahlan wa sahlan, 기꺼이 승낙해요!)"

흥분에 싸인 아흐마드의 말을 듣고, 나는 화면 뒤에서

미소를 지었다. 아흐마드는 내 길잡이가 되어줄 것이다. 그리고 나는 그에게 세심한 귀가 되어줄 것이다.

　나는 아흐마드에게 한 가지를 약속했다. 언젠가 그들의 이야기를 담은 책이 이 세상에 나와 그 도서관에 있는 다른 책들과 나란히 놓이게 될 것이라는 약속이었다.

　그것은 다라야의 살아 있는 회고록이 될 것이다.

아흐마드 이야기

2015년 10월 15일.

아흐마드, 그는 처음에 멀리서 들리는 목소리일 뿐이었다. 깊은 암흑을 뚫고 나온 가냘픈 희망의 노래. 내가 처음 아흐마드와 스카이프로 연락이 닿은 날은 2015년 10월 15일이었다. 아흐마드가 다라야에서 외부로 나오지 못한 지 거의 3년이 되던 때였다.

다마스쿠스에서 7킬로미터 떨어진 아흐마드의 마을은 정권에 포위된 채 기근에 시달리며, 마치 관 속과 같은 상태로 지내고 있었다. 아흐마드는 그곳에서 살아남은 1만 2,000명 중 한 명이었다. 처음에는 아흐마드의 말을 해독하기가 쉽지 않았다. 수줍어하면서도 열에 들뜬 그의 말소리가 웅얼거리듯 들리다가, 탕탕 총소리와 함께 끊어졌다. 두 차례 폭발음 사이로 보이는 그의 얼굴에 내 시선이 고정되었다. 컴퓨터 화면에는 아흐마드가 나타났다가 사라졌다. 내전 초기에 임시방편으로 복구한 작은 위성들의 변덕스러운 연결 상태 때문이었다.

아흐마드의 얼굴이 피카소의 초상화처럼 길게 늘어나더니 일그러졌다. 그의 통통한 볼이 검정테 안경 아래로 비스듬히 기울더니, 빛나는 점들로 부서지며 캄캄한 화면 뒤로 사라졌다. 픽셀이 다시 맞추어지면 나는 그의 입술을 읽어내려고 애썼다. 연필 끝을 질근거리며 귀를 기울였다.

아흐마드는 자신을 이렇게 소개했다. 아흐마드, 23세, 다라야 출신으로 형제가 여덟 명이나 되는 집안에서 태어났다. 혁명이 일어나기 전, 아흐마드는 다마스쿠스대학교(Damascus University)에서 토목공학을 전공했다. 혁명이 일어나기 전, 아흐마드는 축구와 영화를 좋아하고 가족이 가꾸는 정원의 수많은 식물을 아꼈다. 혁명이 일어나기 전, 아흐마드는 기자가 되기를 꿈꿨다. 하지만 친구에게 무심코 건넨 한마디로 12개월간 감옥살이한 아버지는 일찌감치 아들이 꿈을 단념하게 했다. 법원에서 판결한 아버지의 죄목은 '정권 모독'이었다. 그것이 2003년의 일이었다. 그때 아흐마드의 나이는 열한 살. 이 일은 그의 가슴 한구석에 웅크린 어두운 기억이 되었다.

그로부터 수년 뒤 혁명이 일어났다. 2011년 3월 시리아가 잠에서 깨어날 무렵, 아흐마드는 열아홉 살로 역시 반항의 시기였다. 여전히 과거의 트라우마에 시달리던 아버지는 아들이 절대 거리로 나가지 못하도록 말렸다. 아흐마드는 다라야에서 일어난 첫 번째 시위에는 나가지 못했지만, 어느새 두 번째 집회의 대열에 서 있었다. 군중 속에서 아흐마드는 목이 터지라 외쳤다.

"국민과 시리아는 하나다."

혁명가의 기질이 있던 아흐마드의 가슴속에서 무언가가 종잇장처럼 찢어졌다. 처음 느끼는 자유의 전율이었다.

몇 주 그리고 몇 달의 시간이 흘렀다. 시위도 계속되었다. 트랜지스터라디오에서는 바샤르 알 아사드 대통령의 위협적인 목소리가 들려왔다.

"우리는 승리할 것이다. 우리는 굴복하지 않는다. 반군 세력은 반드시 소탕할 것이다."

정부군이 군중을 향해 총을 쏘았다. 첫 번째 총성이 울려퍼졌다. 하지만 아흐마드와 친구들은 더 힘껏 소리쳤다.

"자유를 달라! 자유를!"

그사이 다른 반군 세력들은 자기방어를 위해 무기를 들었다. 모든 사람을 감옥에 넣을 수는 없었던 다마스쿠스 국가원수는 마을을 봉쇄하는 것으로 이를 해결하려 했다. 그때가 2012년 11월 8일이었다. 다른 사람들처럼 아흐마드의 가족도 짐을 꾸려 이웃 마을로 피신하면서 아흐마드에게도 함께 가자고 간곡히 권했다.

하지만 아흐마드는 따르지 않았다. 이미 시위는 아흐마드 자신의 혁명이자 그가 속한 세대의 혁명이었다. 카메라를 마련한 아흐마드는 포화 속에서 마침내 어릴 적 꿈을 이루었다. 바로 진실을 알리는 일이다. 마을에 새로 꾸려진 의회 프레스센터를 찾았다. 그날 하루 동안 다라야의 황폐한 거리를 누비고 다니며 산산이 부서진 집들, 부상자로 가득 찬 병원, 희생자들의 장례 행렬 등 해외 언론이 접근할 수 없는 탓에 보이지 않는 전쟁이 되어버린 현장의 상세한 흔적을 영상에 담았다. 그리고 그날 밤, 인터넷에 자신의 영상을 올렸다.

희망과 불안 사이를 오가다 보니 폭력으로 점철된 1년의 세월이 흘렀다. 2013년이 저물어가던 어느 날, 친구들은 아흐마드를 지원부대로 불렀다. 그리고는 어느 허물어진 집터에서, 그토록 찾고 싶어 했던 책들을 발견했다고 말했다.

"책이라고?" 아흐마드가 놀라 되물었다.

전쟁 한복판에서 책이라니, 그에게는 의아하게 들렸다. 사람 목숨도 구해내지 못하는 마당에 책을 찾아내는 것이 무슨 소용이람? 아흐마드는 책을 좋아하는 편이 아니었다. 그에게 책이란 거짓과 선전으로 물들기 쉬운 것이었다. 그에게 책이란 책가방 속에서 자신을 비웃는 아사드의 초상화 혹은 그의 기린처럼 긴 목 같은 것이었다.

마지못해 친구들을 따라나선 아흐마드는 무너진 담장을 넘어 건물로 들어갔다. 현관문은 폭격으로 날아가고 없었다. 허물어진 그 건물은 살림을 모두 버린 채 마을을 떠난 어느 학교 교장의 소유였다. 아흐마드는 조심스레 거실까지 더듬어 들어갔다. 단 한 줄기 빛이 공간을 비추었다. 마루의 잔해 사이로 책이 흩어져 있었다. 천천히 바닥에 무릎을 꿇은 아흐마드는 그중 하나를 집어 들었다. 시커먼 먼지로 뒤덮인 표지가 손톱에 긁히면서, 무슨 악기 같은 소리가 났다. 제목은 영어였는데, 자기 인식에 관한 심리학 책인 것 같았다.

아흐마드는 첫 번째 페이지를 넘겨, 서툰 외국어 실력이지만, 몇 가지 익숙한 단어들을 읽었다. 사실 중요한 것은 책의 주제가 아니었다. 아흐마드의 몸이 떨려왔다. 그의 가슴속 모든 것이 요동하기 시작했다. 그것은 지식의 문이 열리는 전율이었다. 익숙한 대치 상황에서 잠시 벗어나는 것. 나라의 자료를 조금이라도 지켜내는 것. 그는 미지의 세계로 도망치듯, 책 속으로 빠져들어 갔다.

아흐마드는 천천히 책을 가슴에 끌어안았다. 이번에는 온몸이 떨려왔다.

"내가 처음 시위에 나섰을 때와 같은 해방의 전율이었어요."

아흐마드가 화면 너머로 숨을 내쉬었다.

아흐마드의 말소리가 끊어졌다. 그의 얼굴이 또다시 픽셀로 만든 조각보처럼 변했다. 한 차례 포성이 인터넷 연결을 끊어놓았다. 나는 화면을 새로 고치며, 한숨을 내쉬는 소리를 들었다. 크게 심호흡한 뒤, 그는 다시 이야기를 이어갔다. 그날 잔해 속에서 찾아낸 또 다른 책들의 목록을 말해주었다. 아랍어와 외국어로 된 문학책, 철학책, 신학책, 과학책. 지식의 바다가 바로 눈앞에 펼쳐진 것이다. 아흐마드가 말을 이어갔다.

"그런데 서둘러야만 했어요. 밖에서는 비행기 소리가 요란하게 들렸거든요. 다급해진 우리는 책들을 찾아내서 운반용 트렁크의 가장자리까지 꽉 채웠어요."

그 후로도 폐허에서 책 수집은 계속되었다. 버려진 집과 무너져내린 사무실, 형체를 알아볼 수 없이 무너진 사원들. 아흐마드는 어느새 그 일을 좋아하게 되었다. 새로운 책을 수집하러 나갈 때마다, 버려진 책들을 찾아내고 잔해 속에 파묻혀 있던 낱말들을 되살려내는 더없는 즐거움을 맛보았다. 발굴 작업은 주로 맨손으로 하고, 가끔 부삽을 쓰기도 했다. 자원봉사자, 학생, 저항가 등 모두 약 마흔 명이 잔해를 수색하러 가고자 비행기 소리가 잦아드는 틈을 시시각각 살폈다. 단 일주일 동안 이들이 구해낸 책은 6,000여 점이었다. 엄청난 결과였다! 한 달 뒤에는 수집한 책이 1만 5,000여 권에 달했다. 얇은 책, 두꺼운 책, 구겨진 책, 귀퉁이가 잘려 나간 책, 알아보기가 어려운 책, 매우 귀한 책 그리고 인기 있는 책까지.

이제부터는 이 책을 보관할 장소가 필요했다. 책을 보호할 곳. 시리아의 자산이 허무하게 사라지기 전에, 이 작은 일부라도 지켜낼 수 있는 곳. 많은 이의 협조로 이 공공 도서관 프로젝트가 빛을 보게 되었다. 아사드 정권 아래에서는 다라야에 한 번도 없던 일이었다. 그러니 최초의 일이라 할 만했다.

"우리 주위의 모든 것이 무너져 내리는 때, 우리는 저항의 상징으로 무언가를 세웠습니다."라고 아흐마드가 분명하게 말했다. 아흐마드는 생각에 잠긴 채 잠시 말을 멈추었다. 그러고 나서 내가 절대 잊을 수 없을 한마디를 했다.

"우리의 혁명은 파괴를 위한 것이 아니라 건설을 위한 것입니다."

보복에 대한 우려로, 이 책 박물관은 계속 비밀에 부쳐질 것이다. 이름을 붙이지도, 어떤 표시를 하지도 않을 것이다.

은밀한 공간, 레이더와 포탄으로부터 안전한 곳, 남녀노소 독자들이 만나는 곳. 독서는 피난처와 같다. 모든 문이 잠겼을 때, 세상을 향해 활짝 열린 책의 책장들.

부단한 탐색 끝에, 이 친구들은 어느 건물의 지하를 어렵사리 찾아냈다. 거주민이 떠나고 없는 그 건물은 전장의 가장자리에 있어서, 저격수들에게서는 거리가 멀지 않지만, 로켓의 사정권에서는 꽤 떨어진 곳이었다. 서둘러 나무 널빤지를 재단했다. 벽에는 페인트를 머금은 붓이 몇 번 지나갔다. 두세 개의 소파를 모았다. 밖에는 창문 앞에 모래주머니 몇 개를 쌓아 올리고, 끊어진 전기를 대신할 발전기 세트를 들였다. 며칠 동안 책 전달자들은 종이로 된 유산들의 먼지를 털고, 찢어진 곳을 붙이고, 종류를 분류하고, 목록을 작성하여 책장에 꽂아 정리했다. 빈틈없이 빼곡하게 들어찬 책장 선반에 주제별로, 알파벳순으로 분류한 작품들이 마침내 본래의 완벽한 체계를 되찾았다.

개관하기 전, 해야 할 마지막 과제가 남아 있었다. 그것은 수집한 책 하나하나에 상세하게 번호를 붙이고, 첫 번째 면에 소유주의 이름을 써넣는 일이었다.

아흐마드가 강조했다.

"우리는 도둑도, 약탈자도 아니니까요. 이 책은 다라야 주민의 소유입니다. 그중에 어떤 사람은 세상을 떠났죠. 어떤 사람은 이곳을 떠났고, 또 어떤 이는 아직 체포된 상태에 있습니다. 우리의 목표는 전쟁이 끝나면, 사람들이 각자 자기 책을 되찾을 수 있게 하는 것입니다."

아흐마드의 말에 나는 연필을 내려놓았다. 그의 시민 정신에 감명을 받았다. 그처럼 타인을 존중하는 마음에 잠시 말을 잃었다. 이 젊은이들은 밤낮으로 죽음을 마주했다. 이들 중 대부분은 모든 것을 잃었다. 거처를 잃었고 친구, 부모님까지. 이 같은 대혼란 속에서 이들은, 마치 사람들이 목숨에 매달리듯, 책에 매달렸다. 더 나은 내일을 위한 희망으로. 문화에 갈증을 느끼는 그들은 민주주의적 이상을 실천하도록 하는 숨은 장본인이었다. 잉태된 이상은 체제의 폭정에 용감하게 맞서게 한다. 또한 팔미라*(Palmyra)

유적의 파괴자, 2015년 초 이라크 모술(Mosul)의 도서관에서 일어난 끔찍한 화재의 장본인인 검은 깃발의 군대가 보인 폭력에 도전하게 한다. 약탈자의 파괴에 맞서는 평화를 위한 용병.

그때 또 한 번의 폭발음이 대화를 가로막았다. 아흐마드는 동요하지 않고 이야기를 이어갔다. 도서관의 문을 여는 날, 축하 행사는 아주 간소하게 치렀다고 말했다. 오렌지 주스도, 꽃 장식도 없이. 몇몇 친구만 행사에 참여하려고 모였다. 하지만 무엇보다, 그 어떤 것보다, 첫 번째 시위에서 구호를 외쳤을 때처럼, 가슴속에서 새로운 전율이 일었다고 했다.

도서관은 이 포위된 마을에서 순식간에 단골 장소가 되었다. 금요일과 휴무일을 제외하고 오전 아홉 시부터 오후 다섯 시까지 문을 여는 도서관은 매일 평균 스물다섯 명의 독자가 찾아왔다. 주로 남자가 많았다. 다라야에서 여성과 아이는 거의 보이지 않는데, 집에서 거의 나오지 않기 때문이라고 아흐마드가 덧붙였다. 대체로 이들은, 비처럼 쏟아지는 폭격이 무서워, 집에서 아버지나 남편이 가져다주

---

* 시리아 사막에 있는 오아시스 도시로 고대의 가장 중요한 문화 중심지 중 하나

는 책을 읽는 것으로 만족한다고 했다.

"지난달에는 마을에 기의 600차례의 폭격이 있었어요."
라고 아흐마드가 말했다.

도서관의 공동 책임자였던 아흐마드의 친구 아부 엘에즈(Abou el-Ezz)도 폭격으로 피해를 보았다. 2015년 9월, 아부가 책 창고로 가던 중에 헬리콥터 한 대에서 투하한 폭약통이 길을 끊어놓았다. 트라이나이트로톨루엔(TNT)과 산탄이 실린 그 통들은 무척 파괴적인 결과를 낳았는데, 타격의 방향이 어디로 향할지 정확하지 않기 때문이었다. 유산탄의 파편이 목을 찌르면서 신경계에 손상을 입은 아부 엘에즈는 등 아래쪽까지 욱신거리는 경련으로 고통스러워했다. 그 뒤로 아부는 어쩔 수 없이 임시로 마련한 병원에서 꼼짝없이 누워 있어야만 했다. 다라야에서 사람의 목숨은 종잇장 한 장만큼이나 바스러지기 쉬운 것이었다.

또다시 북소리가 들려왔다. 폭발음이 메아리쳤다. 아흐마드는 말을 이어갔다. 하지만 이번에는 대화를 중단해야 할 것 같다고 했다. 그때는 몰랐지만, 이와 같은 상황의 대화가 그 후로도 여러 번 되풀이됐다. 그것도 훨씬 더 길게. 가상의 연결 고리가 물리적 관계를 대신하는 이 파괴된 시리아에서 밤새 인터넷으로 이야기를 나누며 시간을 보내는 일은 그에게 일상이 되었다. 당장에는 이 비정형의 공간을 시각화하는 데 시간이 걸릴 것이다. 벽에 색을 입히고, 독자의 얼굴을 대입하고, 혼돈 속에서 구해낸 모든 작품에 이름을 붙일 때까지.

멀고도 가깝게

아흐마드가 보낸 영상이 내 왓츠앱 메시지함에 들어왔다. 왓츠앱은 스카이프, 페이스북과 함께 시리아 사람들이 선호하는 소통 수단이었다. 문제의 짧은 동영상은 약 2분 가량으로 별다른 해설이나 자막도 없었다. 나는 내 스마트폰에서 재생되는 이 새로운 영상에 심취했다. 거기에 바로 다라야의 젊은이들이 있었다. 운동복 상의를 걸치고 농구화를 신은 청년들이 바로 거기 있었다. 건물의 잔해 사이를 누비며 책 더미를 한 아름 구해낸 이들.

이들의 뒤로는 황폐한 배경이 펼쳐졌다. 부서진 건물. 무너진 담장. 잡초로 뒤덮인 콘크리트 언덕. 하지만 종이로 된 보물을 발굴해낼 때마다 이들의 얼굴에는 미소가 떠오르고, 혼돈에 맞서 이긴 작은 승리감이 묻어났다. 소형 화물차의 화물칸에 책을 가득 싣는 이들의 모습이 보였다. 그리고 영상은 연결 장면도 없이 곧장 도서관 내부로 이동했다. 카메라는 새로운 서가들을 샅샅이 비추며, 그곳에 모은 수 킬로미터에 이르는 글이 담긴 장정(裝訂)들을 보여주었다. 방 한가운데에는 몇 명의 독자가 탁자에 둘러앉아 책을 읽고 있었다. 두꺼운 책에 심취한 얼굴. 손 닿는 곳에 놓인 수첩. 책 읽는 다라야.

이런 장면에 정신이 팔린 나는 배경음악이 무엇인지 바로 알아차리지 못했다. 내용을 상세하게 메모하려고 화면을 되돌렸다. 이번에는 부드럽고 향수 어린 멜로디가 나에게 말을 걸어왔다. 익숙한 템포. 나는 귀를 기울였다. 그리고 잠시 멈추었다. 짧은 시간이 흘렀다. 내게 말을 걸어오는 듯한 이 신비한 분위기는 무엇일까? 나는 문득 이것이 얀 티에르상(Yann Tiersen)의 곡이라는 것을 알아차렸다. 영화 〈아멜리에〉에 나오는 곡이었다. 프랑스의 컬트 무비이자 내 청춘의 영화로, 보고 또 보았던 작품이다. 아흐마드는 나에게 속내를 털어놓았다. 그 역시 〈아멜리에〉에 나오는 오드리 토투(Audrey Tautou)의 팬으로서 이 영화를 수십 번 보았다는 것이다. 그것은 다라야에서 계속되는 암흑 같은 상황 속에서 그에게 일종의 주문과도 같았다.

그렇게 멀고도 가깝게. 전쟁이 우리 사이에 놓여 있었다.

잃어버린 시간을
찾아서

2015년 10월 20일, 이스탄불.

컴퓨터에서 스카이프 로고가 반짝거리며 알림 소리가 이어졌다. 이윽고 아흐마드의 프로필 사진이 나타났다. 아흐마드는 나에게 알려줄 반가운 소식이 있다고 했다. 다라야 도서관의 책임자인 아부 엘에즈가 옆에 있다는 소식이었다. 아부가 몸이 나은 것이다. 몇 주 회복기를 거쳐, 처음으로 병상을 털고 일어났다고 한다.

가상의 공간에서 이루어진 우리의 만남 장소는 반군의 공식 기관인 지역 의회의 미디어센터였다. 책 보관소에서 얼마 떨어지지 않은 곳이었다. 그곳에서는 인터넷 접속이 더 안정적이었다. 발전기 상황도 덜 변덕스러웠다. 보안상의 이유로 아부 엘에즈는 화면에 모습을 비추지 않으려 했다. 나는 아부의 뜻을 받아들였다.

"책은 우리가 잃어버린 시간을 되찾는 수단이자 영원히 무지를 몰아내는 방법입니다." 그가 낮은 목소리로 말했다.

아부 엘에즈도 역시 스물세 살이었다. 아흐마드처럼 아부 또한 공학을 공부하다 중단한 상태였다. 아흐마드가 그랬듯이 아부도 예전에는 책벌레가 아니었다. 아부의 말에 따르면, 대학에서 의무적으로 읽어야 하는 책들은 과장되다 못해 우스꽝스러웠다고 한다. 2000년에 사망한 바샤르 알 아사드 대통령의 아버지인 하페즈 알 아사드(Hafez al-Assad)를 기념하는 데 그렇게 많은 종이를 낭비하다니. 사욕을 채우고자 그렇게 많은 활자를 찍어내다니. 그리고 고의로 은폐한 부재자들에 관한 기억은 텅 비어 공백으로 남아 있었다. 정치 사범, 고문을 당한 반대자, 흔적도 없이 사라진 반체제 인사 들에 관한 기록은 어디에도 없었다. 이 모든 쓰이지 않은 이야기, 빼앗긴 꿈, 묻혀버린 날카로운 풍자, 그 거짓과 살상 병기의 중압감에 꺼져버린 목소리.

아부는 말을 이어나갔다.

"혁명이 일어나기 전, 사람들은 우리에게 수많은 거짓말을 퍼뜨렸습니다. 어디에도 토론의 장은 없었죠. 우리는 관 속에서 사는 것과 같았습니다. 검열은 우리의 일상과 떼놓을 수 없었어요. 사람들은 우리에게 진실을 숨겼습니다. 아사드 부자가 지상에 있는 신의 대리인이라고들 했죠. 수많은 사람이 아사드 부자에게 충성을 맹세하고 그들을 위해 영혼과 목숨까지 바칠 준비가 되었다고 소리 높여 외쳐야 했습니다. 학교에서 반복하게 했던 구호 하나가 기억나요. '아사드여, 영원하라!' 아사드는 나라의 주인이자 시대의 지배자이고 사상의 지도자였어요."

화면 너머로 아부 엘에즈가 재난에서 살아남은 자의 호기로움을 담아 이야기했다. 그의 목소리에는 단호함과 함께 연약함이 묻어났다. 나는 그를 괴롭힌 고통을 감히 짐작조차 할 수 없다. 하지만 아부는 새로운 열정의 대상이 된 책에 대해 이야기할 뿐 자신의 건강에 대해서 한탄하지 않았다. 살아남은 그는 책이 주는 유익함을 믿었다. 몸의 상처를 치유할 수는 없다고 해도, 마음의 상처를 달랠 권리는 있는 것이다. 책을 읽는 단순한 행위가 아부에게는 엄청난 위로였다. 그것은 도서관을 세우면서 알게 된 감정이었다. 그는 한가로이 책장을 넘기는 것이 좋았다. 끊임없이 책장을 넘기며 훑어보는 것. 마침표와 쉼표 사이에 몰입하여 길을 잃는 것. 미지의 대륙을 탐험하는 것.

"책은 지배하지 않습니다. 책은 무언가를 선사해주죠. 책은 거세하지 않습니다. 책은 성숙하게 합니다."

아부에게 특히 어떤 분야의 책이 영향을 주었는지 물었다. 아부는 사실 거의 모든 분야에 관심이 있다고 했다. 그의 독서 취향은 그 범위가 매우 넓어서, 이슬람 정치에서부터 아랍의 시와 심리학까지 그 관심 분야가 다양했다. 그는 미국의 앤서니 로빈스(Anthony Robbins)의 책을 예로 언급했다. 책 제목은 잊었지만 개인의 성장과 발전, 자아 성찰, 견고한 자기정체성 확립 등의 문제를 다룬 책이라고 했다. 아부가 아사드 정권에서 경험했던 삶과 전혀 다른 것이었다. 아랍어로 번역된 그 작품은 다라야에 버려진 어느 저택의 폐허에서 어렵사리 찾아낸 것이었다.

"그 책을 읽은 것이 제가 긍정적으로 사고하고 부정적인 생각은 몰아내는 데 도움이 되었습니다. 지금 우리에게 특히 필요한 것이죠."

그렇다면 다른 사람들, 이 도서관을 자주 찾는 사람들은 어떤 책을 읽을까? 어떤 주제에 관심을 기울일까? 아부 엘에즈는 나에게 이렇게 설명해주었다. "초반에는 각자 자기 기준을 세워 책을 택했습니다. 한 권 한 권의 책이 마치 처음 맞닥뜨린 귀중한 성자의 유물과도 같았죠. 강한 인상을 주었어요. 호기심이 가득한 사람들은 그다지 망설이지 않고 잡히는 대로 책을 들었습니다. 그보다 소심한 사람들은 좀 더 신중해서 여러 표지 가운데 하나에 손을 대는 것조차 겁냈죠. 하지만 입소문 덕분에 어떤 책은 다른 책들보다 매우 빠르게 대출되었습니다. 모방이기도 하고, 유행의 영향이기도 했습니다. 유행 역시 전쟁에 반대하는 것이기 때문이죠."

"도서관을 방문한 사람들 상당수가 『연금술사(The Alchemist)』를 읽은 것도 바로 그 때문입니다."라고 아부가 내게 설명해주었다.

"파울로 코엘료(Paulo Coelho)의 『연금술사』 말인가요?"

"네, 독자들이 좋아하는 책 중의 하나예요. 그들은 이 책에 공감하고, 빌려본 뒤에는 다른 사람에게 또 빌려주었습니다. 어떤 사람들은 이 책을 여러 번 읽었어요."

만일 이 세계적인 베스트셀러가 그토록 이들의 관심을 끌었다면 그것은 그 책이 이들에게 익숙한 개념, 즉 자아의 시련을 단순한 언어로 이야기했기 때문일 것이다. 안달루시아에서 이집트 피라미드까지 이어지는 긴 여정을 따라 '자신의 전설'을 찾아 나선, 이 에스파냐 목동의 탐구는 이들에게 설명이 필요 없는 많은 이야기를 건네는 작품이

었다. 이 책은 젊은 혁명가인 그들에게 자신들의 위태로운
모험담이 되울린 메아리처럼 읽혔다. 그들은 그 책을 나침
반처럼 의지했다. 어쩌면 그것이 그들의 눈에는 특별히 귀
중한 보물, 즉 무한한 자유의 개념을 함축한 것이기 때문
이었는지도 모른다.

그러나 그 구원과도 같은 도서관에서는 잃어버린 시간
을 되찾으려는 강한 의지가 덧붙었다. 1960년대 초부터
세력을 잡은 바스(Baas) 당의 폐쇄적 독재 권력만을 경험한
아부 엘에즈의 세대는 변화를 향한 갈망이 남달랐다.

"대부분 독자가 저와 같아요. 전쟁이 일어나기 전에는
특별히 책을 좋아하는 사람이 아니었죠. 하지만 지금 다
라야의 젊은이들은 무엇이든 배워야 해요. 바닥에서부터
다시 시작하는 것과 다름없죠. 도서관에 있으면 사람들이
'민주주의'에 관한 책을 자주 물어봅니다."

'민주주의', 한때는 금기어였던 이 말이 지금은 모든 사람
의 입에 자주 등장하게 되었다. 서가의 잘 보이는 곳에 꽂
힌 또 다른 한 권의 책도 특히 성공을 거두었다. 그것은 이
븐 할둔(Ibn Khaldūn)이 쓴『역사 서설(Al-Muqaddimah)』이었다.

"우리 독자들이 전부 어느 순간에 이 두꺼운 책을 펼쳐
보기 시작했어요. 14세기 튀니지 역사학자가 개인적인 경

험에서 영감을 얻어 아랍 왕조가 부침이 있었던 원인을 진단하는 과정을 쓴 책입니다."

혁명 이후 불안정한 상황에서 이 현대 사회학의 선구자는 그들에게 비록 해결책은 아니더라도, 적어도 국왕의 통치권이나 권력 다툼 혹은 경제 발전처럼 근본적인 문제들을 풀어낼 실마리를 제공해주었다. 물론 앞으로 다가올 시리아의 모습에 대해서는 많은 의문을 불러일으켰지만 말이다.

아부 엘에즈의 이야기를 들으며, 책이 어떤 면에서 그들을 다른 곳으로 데려가 주었다는 사실을 깨달았다. 한쪽으로 치우치거나 검열된 시각이 아닌 언어와 역사, 성찰로 가득한 새로운 세상으로 말이다. 이들은 책을 통해 영감을 얻고, 때로 그것을 자기 것으로 삼았다. 이들은 이 모든 이야기 속에서 그동안 너무나 오래 빼앗겼던 마음의 양식을 길어 올렸다.

아부를 보내기 전, 그에게 다시 도서관으로 돌아가 일할 생각인지 물었다.

"물론이죠!"

그는 당연하다는 듯이 대답했다.

그에게 도서관은 단지 치유의 장이 아니라 휴식의 장이기도 했다. 시리아의 어두운 이야기 속에서 희망을 엿볼 수 있는 한 장면이었다.

선반 위의
견고한 언어들

그 뒤로 열 명 정도의 다른 독자가 화면에 차례로 등장했다. 양피지 두루마리를 펼쳐놓듯, 저마다 자신이 읽었던 책 이야기를 펼쳐놓았다. 이들은 몇 시간씩 나에게 니자르 카바니(Nizar Kabbani)의 사랑에 관한 시와 시리아의 신학자 이븐 카임(Ibn Qayyim)의 저서를 이야기했다. 그들은 또한 셰익스피어와 몰리에르(Molière)가 쓴 희곡의 매력을 새롭게 발견했다고 털어놓았다. 마르셀 프루스트(Marcel Proust)와 남아프리카공화국의 소설가 쿠체(Coetzee)의 소설도 마찬가지였다. 아이들을 위한 작품도 이야기했으며, 생텍쥐페리의 『어린 왕자』를 가슴 따뜻하게 해주는 작품으로 기억했다. 부상자를 치료하는 데 도움을 준 두꺼운 의학서도 침이 마르게 칭송했다.

이 모든 책은 전장에서 구해낸 것으로, 새로 꾸려진 도서관 책장의 선반에서 우연히 집어 든 것이었다. 다양한 목소리를 담은 이 책들은 세상의 끝에 고립된 듯한 다라야에서 밖을 향해 조금 열린 창문과 같았다. 나는 멀리서 울리는 총성과 함께 이들의 목소리가 흩어지는 것을 들었다. 하지만 이들은 조금도 흔들리지 않고, 책이 자신들에게는 새로운 성벽과 같다고 힘주어 말했다. 읽었던 책의 구절들을 얼마나 잘 기억하는지. 혁명 전에는 책의 단 한 줄도 제대로 인용할 줄 몰랐던 이들이었다. 시리아를 피로 물들인 이 분쟁이 역설적으로 책을 더 가까이하게 한 것이다.

직접 만들어낸 자유의 공간에서 독서는 새로운 토대였다. 이들은 그동안 은폐되었던 과거를 되짚어보고자 책을 읽었다. 또한 배우려고 책을 읽었다. 때로는 정신착란을 피하고자, 때로는 현실에서 벗어나려고 읽었다. 책은 하나의 배출구였다. 폭탄을 동원한 일방적 강요에 맞선 언어의 선율이었다. 독서라는 이 소박한 인간적 행위는 평화를 되찾으려는 열망과 결부되었다.

전쟁의 그늘에서 문장은 다시 새로운 감동을 준다. 모든 것이 사라질 위기 속에서 그것은 남은 시간에 대한 표식과 같았다. 모든 단어, 즉 폭탄에 저항하는 지혜와 희망 그리고 과학과 철학의 언어로 전율했다. 책장 선반 위의 완벽하게 분류된 언어들은 견고하고, 꿋꿋하고, 자신감이 넘치며, 강인하고, 용맹하며, 믿을 만하고, 진실이 깃들어 있었다. 이 문장들은 성찰의 궤적과 수많은 사상, 해방을 위한 이야기들을 전해주었다. 온 세상이 손안에 있었다.

책을 통한 이들의 저항은 매력적이었다. 이 저항을 보자 나는 15년 전 테헤란의 서민 지역인 남부에서 만났던 이란의 한 미용사가 떠올랐다. 그 미용사는 자기 미용실을 여성을 위한 독서 공간으로 바꾸었다. 어느 날 카이로의 교통 체증 속에서 마주쳤던 '책 자전거'도 생각났다. 그것들은 모두 독서를 통해 교육의 수준을 끌어올리려는 열망에서 시작한 것이었다. 책은 속박에 저항하는 기억의 산물이었다. 또한 시간과 굴복과 무지에 대항하는 퇴적물이었다.

이들의 책을 통한 항전이 책에 탐닉하던 시절의 나를 떠올리게 해주었다. 책에 푹 빠졌던 내가 여러 번 무너지고 화재로 타버린 적이 있는 알렉산드리아 도서관(Library of Alexandria)을 처음 방문했을 때 느꼈던 떨림을 기억한다. 모로코 페스(Fes)에 있는 세계에서 가장 오래된 도서관이 최근 새롭게 개장했다는 기사를 읽으면서, 모로코 여행을 꿈꾸기도 했다. 도서관은 불온한 체제를 전복하는 동시에 마음을 평온하게 하는 무언가가 있다. 나는 책장(冊欌) 사이를 한가로이 거닐며 오래된 종이의 향기를 맡고, 책장(冊張)마다 담긴 밀담을 들여다보는 것을 늘 좋아했다.

웅장한 도서관이 여럿 있는 이스탄불의 프랑스문화원 미디어자료실에서 진행하는 동화 구연 시간은 아주 특별한 순간이었다. 나는 딸 사마라와 함께 동화 구연 시간의 단 한 순간도 놓치지 않았다. 집에서도 주말이면 사마라는 자기 방에서 인형들을 줄지어 앉혀놓고 몇 가지 이야기를 골라 '프랑스문화원' 놀이를 했다. 그것은 딸아이가 제일 좋아하는 놀이 가운데 하나였다. 세계은행이 최근 발표한 연구 결과에 따르면, 책을 읽는 사람이 더 오래 더 행복하게 산다고 한다. 책이 행복의 열쇠는 아니더라도, 적어도 그것을 믿게 하는 힘은 쥐고 있지 않을까?

미래가 불투명한 다라야에서 아흐마드와 친구들은 무의식적으로 문화를 통해 생존하려는 본능을 그들 속에 갖고 있었다.

전시는 물론 평화로운 때도 느낄 수 있는 보편적인 감정, 바로 독서를 통한 치유였다.

파괴된 도시,
다라야

도서관의 윤곽은 분명해졌지만, 그곳이 위치한 동네를 더 잘 파악하려고 이메일과 메시지, 사진 등의 자료를 열심히 들여다보았다. 여러 사진을 선별하고 모아서 날짜를 쓰고, 상세하게 스캔을 하고, 목표물과 상징물을 해독하고, 지리적 좌표 가운데 최하위 단위를 살펴보았다.

구글지도에서 멀리 보이는 다라야는 중동 지역의 여느 주변 지역과 다를 바가 없었다. 장난감 블록을 나란히 세워놓은 것처럼 회색 건물이 줄지어 서 있었다. 더 가까이 들여다보면 해골처럼 앙상한 모습이었다. 더 심하게는 녹슨 철판과 깨진 유리 파편이 뒤섞인 건물 잔해의 연속일 뿐이었다.

봉쇄된 고립지의 평면도가 점차 윤곽을 드러냈다. 다마스쿠스의 남서쪽으로 불과 7킬로미터 떨어진 곳에 버젓이 들어선 감옥이 바로 다라야였다. 서쪽의 모아다미야는 또 다른 반군 지역으로 이곳 역시 정권에 포위되었다. 북쪽의 메제(Mezze)에 있는 공군기지는 공군의 정보부대 본부로 제4기갑사단이라는 친아사드측 군대가 끝까지 지키고 싶어 하는 곳이다.

사전을 펼쳤다. 시리아 고어로 다라야(Daraya)는 '집이 많은 곳'이라는 뜻이었다. 지금은 제대로 남은 건물이 별로 없는 도시의 이름이니 얼마나 아이러니한 운명인가. 폭격의 위력은 때때로 도로 한가운데 커다란 웅덩이를 파놓을 정도였다. 그 모든 사진 중에서 강한 인상을 주었던 것은 사람들이 떠나고 황량해진 거리의 모습이었다. 셔터가 내려지고, 학교는 버려졌으며, 빵집은 문을 닫았다. 주민 대부분이 떠난 다라야는 유령도시가 되었다. 아흐마드는 혁명 전 25만 명이었던 주민들이 떠나고 2,000명의 병사를 포함한 약 1만 2,000명만이 남게 되었다고 설명해주었다.

아흐마드가 스카이프나 왓츠앱에 나타날 때마다 나는 수많은 질문으로 그를 괴롭혔다. 날씨는 어떤지, 전쟁의 소음이 많이 나진 않는지, 탄약 냄새는 괜찮은지. 아흐마드의 인내심은 놀라울 정도였다. 처음 이야기를 나눌 때만 해도 거의 알아듣기 힘들었던 그의 말소리는 이제 또렷해졌다. 말투에 묻어나던 망설임은 줄어들고, 말솜씨는 더유창해졌다. 마을 이야기를 할 때면 그 속에서 힘이 느껴졌다.

수차례 폭격의 여파로 인터넷 연결이 손상되면서, 아흐마드의 목소리가 부드럽게 연결되지 않고 딸꾹질하듯 끊어졌다. 툭툭 끊긴 단어들이 이스탄불의 내 사무실을 뒤덮었다. 요란한 헬리콥터 소리를 뚫고 제대로 한 문장을 이어 붙이려면 흔치 않은 정적의 순간을 노려야 했다. 몇 시간 동안, 아흐마드는 다라야에 관해 이야기했다. 그곳이지닌 다양성, 소수의 기독교인이 안심하고 예배를 드렸던두 개의 교회, 길고 달콤한 알맹이로 유명한 다라야의 청포도. 그리고 정부가 그토록 되찾고 싶어 하는 비옥한 들판. 맛이 부드러운 포도주로 유명한 이 농촌 지역에서 이제는 꽃봉오리조차 사라져가는 것이 되었다.

유고슬라비아 전쟁 당시에 보그단 보그다노비치(Bogdan Bogdanović)라는 건축가가 새롭게 해석한 '도시환경 파괴(urbicide)'라는 용어를 다시 생각해보았다. 도시환경 파괴, 그렇다. 모든 수단을 동원해서 한 마을을 파괴하는 것. 무기력한 우리의 눈앞에서 파괴의 병기가 마구 날뛰는 것이다. 이 병기는 꿈을 짓밟고, 아름다운 풍경을 삼키고, 스치는 모든 것을 파괴하면서 자신만의 도식을 강요한다. 물리적·지리적·인구학적 파괴. 무력을 동원한 소탕은 세계 수많은 폭군의 전형적인 수법으로, 다마스쿠스 국가원수도 이 방법을 택했다.

"그런데 그는 왜 그렇게 다라야에 집착하는 걸까요?"

어느 날 저녁, 아흐마드와 수많은 대화를 나누다가 끝으로 이 질문을 던졌다.

왜? 그러니까 무슨 이유에서 정권이 그토록 공격적인 방식으로 다마스쿠스 중부에 있는 이 마을을 공포정치의 실험실로 삼았단 말인가?

아흐마드가 천천히 고개를 움직이더니, 한참 만에 대답했다.

"그건 다라야가 다른 곳과 다르기 때문이에요."

그리고 이렇게 덧붙였다.

"다라야 시민의 저항 정신을 이해하려면 혁명이 일어나기 훨씬 전으로 거슬러 올라가서 과거의 역사를 잘 알아야 해요."

그러고 나서 자신의 마을에 관해 이야기하기 시작했다.

종이로 된 요새

1990년대의 일이었다. 온 나라가 1982년 하페즈 알 아사드 정권이 하마(Hamah)시에서 자행한 학살의 고통을 겨우 극복해나가는 중이었다. 무슬림형제단*(al-Ikhwān al-Muslimūn)의 반란 기도를 진압하는 과정에서 벌어진 이 참극은 결국 1만 명에서 3만 명에 달하는 목숨을 앗아가고 말았는데, 그 어떤 집계도 이루어지지 않았다. 사건의 심각성에도 불구하고, 암묵적인 지침에 따라 죽은 자들은 서둘러 매장되었다. 아직 휴대전화나 인터넷이 없었던 당시

---

* 이집트에서 설립된, 세계에서 가장 오래되고 규모가 큰 이슬람 운동 단체. 시리아에서는 이 단체가 아사드 대통령과 그 정권에 반대하는 운동을 펼쳤다.

에는 권력이 모든 정보를 장악했다. 학살에 대한 소문은, 1970년 권력 승계 이후 아사드의 알라위트 가문(Alaouite dynasty)이 시행한 공포 체제를 더욱 강화하기에 충분했다. 하마에서 228킬로미터 떨어진, '수많은 집'의 도시 다라야에서 사람들은 낮은 목소리로 이 사실을 이야기했다. 문은 닫히고, 셔터가 내려지고, 아이들은 쓰러졌다. 시리아의 다른 곳과 마찬가지로 '체제'라는 단어는 크게 입 밖에 올리지 못했다. 그중에 시리아인은 '안보'나 '국가'라는 단어로 에둘러 말하곤 했다. 밤이 그 모든 말을 삼키고 태양이 떠오르면 사람들은 다시 침묵에 빠져들었다.

그러다가 1990년대 말, 다라야에서 약 서른 명의 운동가가 조심스럽게 공포의 장벽을 무너뜨렸다. 이들은 같은 이슬람교 사원에서 서로 알고 지냈는데, 그것은 자주 은밀하게 만나는 것을 의심하는 데서 빠져나올 핑계 중의 하나였다. 그곳을 책임지는 이맘*은 진보적인 성직자였다. 이들은 이맘의 곁에 책상다리하고 앉아 『코란』을 공부하면서 종교적으로 반대되는 금서들을 읽었다. 특히 시리아판 마하트마 간디라고 할 만한 자다트 사이드(Jawdat Said)의 책

---

* 이슬람 교단의 지도자

을 자세히 파헤치는 데 긴 시간을 보냈다. 자다트는 비폭력의 개념을 도입한, 초기의 무슬림 사상가 중 하나였다. 한참 뒤 그들에게 붙인 '테러리스트'라는 꼬리표와 달리 이들은 교류와 관용의 수니파*(Sinni)를 주창했으며, 몰래 수집한 책 몇 권이 무기의 전부였다.

어느 날 이들은 독서에서 영감을 받아서 일련의 대중 연설을 통해 행동을 개시하기로 했다. 환경보호를 위한 계도 캠페인, 거리를 깨끗하게 청소하기 위한 인력 동원, 부패와의 전쟁 등을 주제로 한 것이었다. 책 덕분에 새로운 종류의 시민운동이 등장하게 된 것이다.

하마 학살 사건 당시 아흐마드는 아직 태어나지 않았었다. 다라야의 그 무리를 기억하기에는 너무 어렸다. 하지만 그 유명했던 1990년대 이야기를 환기할 때, 그는 모범생처럼 정확하게 이야기했다.

"포위 공격은 역설적으로 우리의 역사를 돌아보게 해주었습니다. 사실 2012년부터 많은 것을 배웠어요."라고 아흐마드가 내게 털어놓았다.

---

* 이슬람교의 정통파, 예언자 무함마드의 언행인 수나(Sunnah)를 따르는 사람이라는 뜻으로, 이슬람 공동체 내에서 다수를 차지하고 있다.

다라야의 현대사를 보충수업 해준 사람은 포위 시대의 동지, 무함마드 시하데(Muhammad Shihadeh)였다. 아흐마드와 친구들은 서른일곱 살의 무함마드에게 '우스타즈(Ustez, 선생님)'라고 별명을 붙였다. 그가 도서관 지하에서 영어도 가르쳤기 때문이다. 또한 '다라야의 청년들(Chebab de Daraya)'이라고 알려진 무리의 중심인물 가운데 하나이자 나이가 조금 더 많은 무함마드를 향한 존경의 표시이기도 했다.

가끔은 인적이 드문 밤중에 드럼통 폭탄이 잦아든 시간이 되면, 우스타즈는 마음을 열고 이들에게 속을 털어놓았다. 초기 단계의 비폭력 저항, 아랍의 봄이 시리아에 영향을 미치기 전부터 체제에 반기를 들었던 움직임 등을 이야기했다. 아흐마드는 그의 이야기를 듣는 것으로 그치지 않았다. 우스타즈는 아흐마드가 항상 동경했던 사상적 지도자이기도 했다. 아사드 일가가 절대 용납하지 않았던, 지식의 전달자 가운데 한 사람인 것이다. 권력을 장악한 뒤, 다마스쿠스의 짧았던 봄을 압제의 구둣발로 짓밟은 아버지 하페즈와 아들 바샤르가 절대 허락하지 않던 일이다. 인내심의 대가인 우스타즈는 몇 시간 동안 좌절된 꿈과 실패한 변혁에도 굴하지 않았던 저항자들의 이야기를 들려주었다. 덕분에 이들에게는 새로운 세상이 펼쳐졌다. 질문과 변화, 관용의 세상이 열린 것이다.

"우리는 우스타즈에게 많은 빚을 졌습니다." 나의 젊은 대화 상대가 말했다.

아흐마드는 온라인으로라도 우스타즈를 나에게 소개해주고 싶어 했다. 하지만 계속되는 폭격으로 자주 약속이 어긋났다. 당분간은 소강상태를 기다리며 아흐마드가 그의 사상을 전달해주는 것으로 대신했다. 아흐마드는 금지된 시를 읊조리듯이 우스타즈와 함께한 기억을 들려주었다. 추억이라는 이름의 소박하고도 세심한 이야기들.

2002년 4월, 한 사건을 계기로 다라야의 첫 번째 시위가 일어났다. 이스라엘 군대가 요르단강 서안 지구의 제닌(Jenin) 난민촌을 공격한 사건이었다. 우스타즈와 그를 따르던 이들은 주민을 동원하는 모험을 감행했다. 모인 군중은 보복을 당할까 봐 두려워서 침묵을 지켰다. 치켜든 손에 몇 가지 플래카드만 들고 있을 뿐이었다. 어떤 이들은 이스라엘의 공격을 규탄하고, 또 어떤 이들은 '변화'를 부르짖었다. 구호는 『코란』의 구절에서 영감을 얻어 만든 것이 많았다. 그 사상을 함축적으로 집약했다. "스스로 변화하려 하지 않는다면, 신도 당신에게 해줄 수 있는 일이 없다."

나중에 아흐마드에게 귓속말로 들려준 우스타즈의 신념

도 있었다. "우리의 문제는 이스라엘이 아니다. 아사드도 아니다. 문제는 우리의 비겁함과 교육의 부재, 행동에 나설 만한 용기의 부족이다."

그날 열두 명의 여성을 포함한 약 200명 이상의 주민이 시위 대열에 참가했다. 경찰은 별다른 제재 없이 거리를 유지했다. 독재 정권에서 빼앗은 40분의 자유. 그것은 공포에 맞선 위대한 승리였다.

아흐마드는 이야기를 이어가고, 나는 침묵했다. 아흐마드는 열광과 감탄이 뒤섞인, 자기 마을에 대한 기억을 하나하나 떠올렸다. 정확하게 이야기를 전하려는 그의 노력은 타인의 경험을 넓혀주려는 의지이기도 했다.

그로부터 1년 뒤인 2003년, 미국이 이라크에 개입하면서 시위 참가자들의 분노는 더욱 고조되었다. 시민 사이에 미국산 담배 불매운동도 일어났다. 4월 9일, 200여 명의 사람이 다시 거리로 나와 이웃 국가의 점령에 맞서서 침묵의 행진을 했다. 이번만큼은 이들의 결집이 정권의 입장과도 일치했다. 다마스쿠스 역시 지아이(GI, 미국 육군 병사)의 군사작전에 반대했다. 권력의 측근으로 알려진 시리아의 교전 이론가(Mufti) 또한 이라크의 지하드(jihād)에 찬성하는 파트와*(fatwa)를 발표했다. 그래서 다라야의 저항가들도 안심하고 시위했다.

하지만 다마스쿠스의 정권은 자신들이 보기에 지나치게 확대한 대중의 기세가 불안하게 느껴지기 시작했다. 한 달쯤 지난 뒤 정부는 시위 참가자 가운데 스물네 명의 급진적 행동파를 체포해 '체제 전복 시도'라는 죄목으로 투옥했다. 여기에는 무함마드 시하데도 포함되었다.

그는 값비싼 대가를 치러야 했다. 3개월간 강압적인 심문을 받고, 악명 높은 사이드나야(Saidnaya)의 교도소에서 3년을 보내야 했다. 시련은 고통스러웠으나 배움은 컸다. 우스타즈는 감옥에서 무슬림형제단, 살라피스트**(Salafist)를 직접 만났을 뿐 아니라 이라크와 아프가니스탄에서 돌아온 지하디스트도 만났다. 이들은 아사드가, 평화적 시위자는 오히려 체포되던 2011년 혁명 당시 일부러 풀어준 바로 그 지하디스트다. 우스타즈가 공산주의 지도자인 압둘 아지즈 카이르(Abdul Aziz Khair)와 같은 저항파의 주요 인물

---

* 어떤 사안이 이슬람법에 저촉되는지를 해석하는, 권위 있는 이슬람 판결. 이슬람 세계의 법률 용어로, 법학자들이 『코란』을 비롯한 이슬람 세계의 법원을 바탕으로 한 법적 해석을 의미한다.
** 샤리아가 지배하던 7세기 이전의 이슬람 교리로 돌아가야 한다는 이슬람 근본주의자.

들을 알게 된 시기도 바로 사이드나야의 교도소에 구금된 시절이었다. 책 속으로 도피하는 법을 배운 곳도 사이드나야의 소굴이었다. 비록 그가 다라야의 도서관 설립에 직접 참여하진 않았지만, 나중에 어린 친구들에게 영향을 주게 된 경험이었다.

2005년 무함마드 시하데는 예정보다 6개월 먼저 석방되었다. 레바논의 전 총리였던 라피크 하리리(Rafic Hariri)가 베이루트에서 암살된 직후였다. 지탄을 받은 시리아 정권이 국제적 압력을 받는 위치에 놓이게 되자, 몇몇 죄수를 특사로 풀어주면서 한발 물러선 것이다. 하지만 압박은 여전히 계속되었다. 우스타즈는 2개월마다 정보기관의 소환을 받았다. 출국도 금지되었다. 대학에서도 더는 그를 받아주지 않았다. 하지만 그는 당황하지 않았다. 영문학 학위가 있던 우스타즈는 번역가가 되기로 했다. 사랑에 빠져서 결혼도 하고, 가정도 꾸렸다. 아흐마드는 이렇게 말했다.

"그는 저에게 단순한 롤모델 이상으로 영감의 원천입니다."

다라야에서는 비교적 평온하게 수년의 세월이 흘렀다. 그러다가 2011년 3월, '아랍의 봄' 초기에 새로운 사건 하나가 주민을 동요하게 했다. 시리아의 또 다른 마을 다라

(Daraa)에서 청소년들이 학교 벽에 "선생님, 이제는 당신 차례예요."라고 낙서했다. 이 메시지는 바로 바샤르 알 아사드를 향한 것으로, 튀니지의 벤 알리(Ben Ali)와 이집트의 호스니 무바라크(Hosni Mubarak)의 실각에 영향을 받은 것이었다.

대담한 이 청소년들은 체포되어 고문에 시달리고, 그들의 부모는 깊은 슬픔에 빠졌다. 분노는 시리아의 거리로 빠르게 퍼져나갔다. 아랍의 무슬림 세계에 퍼진 불길이 옮겨붙으며, 다른 마을에서도 움직임이 이어졌다. 진보적인 다라야는 의식이 깨어 있는 지역 중에서도 선봉에 있었다. 3월 25일 금요일, 1990년대의 운동권이 다시 저항의 길에 나섰다. 우스타즈는 서둘러 초반의 구호 중 하나를 작성했다. "다라야에서 다라까지, 위엄 있는 민중"을 시위 참가자들이 한목소리로 외쳤다. 군중은 하루가 다르게 늘어났다. 한 시간 만에 시위 금지에 용감히 맞선 이들의 숫자가 수천 명에 달했다. 대성공이었다.

청년 세대가 빠르게 그 뒤를 이어갔다. 부모의 반대를 무릅쓰고 아흐마드는 두 번째 집회 때부터 시위에 참여했다. 아흐마드는 자기가 겪은 '첫 번째' 시위의 모든 것을 기억했다. 심장은 뜨겁게 불타오르고, 소리 높여 구호를 외친 탓에 목은 쉬고 말았다. 하지만 그곳에 있다는 것만으로도 기뻤다. 수많은 장면이 그의 기억 속을 가득 채웠다. 결혼식을 축하할 때처럼 군중을 향해 쌀을 던지던 여자들의 모습. 부모의 어깨에 목말을 타고 두 눈은 미래를 향하던 아이들. 사회를 분열하고자 알라위트 가문의 아사드가 '수니파'라고 규정한, 혁명을 지원하러 온 소수 드루즈(Druze)인과 기독교인의 모습도 보였다. 그리고 한목소리로 외쳤던 함성, "천국으로! 천국으로!(Jenna! Jenna)"도. 1990년대 시민혁명을 계승한 것이 분명했다.

"사람들은 가슴 깊은 곳에서 우러나온 함성을 질렀습니다. 믿을 수 없이 벅찬 감동이었죠. 우리는 독재에 반대할 뿐이었습니다. 초반에는 정권 타도를 주장한 것이 아니라 더 정의롭고 평등하며 국민의 요구에 부응해줄 것을 원했습니다. 그러다 모든 것이 미지의 방향으로 곤두박질쳤죠."

첫 번째 총성이 울렸을 때, 젊은 시위 참가자들은 창의력을 발휘했다. 군인들에게 장미와 물병을 건넨 것이다. 병에는 이렇게 짧은 문구가 적혀 있었다. '우리는 당신의 형제입니다. 우리를 죽이지 마세요. 이 나라는 모두 품을 만큼 충분히 넓습니다.' 이것은 스물여섯 살의 젊은 재단사 기야트 마타르(Ghiath Mattar)의 발상이었다. 하지만 기야트의 메시지는 정권의 비위를 건드렸다. 기야트는 저항자

중에 분노에 차 완전무장을 한 종교적 광신도들이 있다는 정부의 정치 선전에 반대했다.

2011년 9월 6일, 기야트 마타르는 체포되었고 사흘 후, 사형된 기야트의 유해가 가족에게 전달되었다. 청년은 거세되고 목이 난자를 당한 상태였다. 아흐마드와 친구들이 '작은 간디'라고 불렀던 청년이 고문으로 목숨을 잃은 이 일이야말로 형언할 수 없는 정권의 잔인함을 알리는 슬픈 전조였다.

'수많은 집'의 담장 뒤에서 일부 주민은 몰래 무장하기 시작했다. 사람들은 군대에서의 탈영을 이야기하기도 하고, 반란을 계획하는 논의도 했다. 아흐마드와 다라야의 대다수 비판 세력은 폭력의 덫에 빠지기를 거부했다. 새로운 모임마다 구호는 분명했다. "평화롭게, 평화롭게!(Silmiyé, Silmiyé) 그들이 우리를 매일 수백 명씩 죽여도 우리는 평화를 원한다."

우스타즈와 선배들의 시민 정신을 충실히 따르는 이들은 평화적으로 결집하는 노선을 유지했다. 이들은 또한 공공건물을 보호하려고 교대로 움직이며, 토론하고자 포럼에 참여하고, 국민에게 상황을 객관적으로 알리려고 비밀 신문 『에나브발라디(Enab Baladi, 조국의 포도)』를 창간했다. 상시 대기 상태의 시위 전문가가 된 이들은 낮 동안 시위를 벌이기가 위험해지자 밤에 행진했다. '희생자들'의 장례 행렬이 결집의 새로운 구실이 되기도 했다. 하지만 정권은 산 사람도 죽은 이도 전혀 존중하지 않았다. 2012년 2월, 메제 인근 공군기지의 탱크들이 장례 행렬의 한가운데로 돌진했다. 이로 말미암아 약 서른 명의 사람이 목숨을 잃었다.

"이 사건은 우리의 기억 속에 각인되었습니다. 사람들은 아직도 그날을 이야기하며, '검은 토요일'이라고 불러요." 라고 아흐마드가 말했다.

그리고 믿을 수 없는 일이 일어나고 말았다. 2012년 8월 25일, 탱크가 또다시 마을로 진입한 것이다. "그때는 한참 라마단(Ramadān) 기간 중이었어요." 아흐마드가 기억을 떠올렸다.

"사흘 동안 집중 폭격이 있고 나서, 정부군이 다라야를 공격했어요. 거리마다. 집집이. 저항하는 주민은 벽 앞에 줄을 세우고 한 명씩 사살했어요. 남자, 여자, 아이 할 것 없이."

시위 참가자를 구실로 내세운 집단 체벌 같은 것이었다. 꽃과 물병을 건넨 벌이고, 시위 행렬에 쌀을 던진 벌이었다. 혁명 훨씬 이전으로 거슬러 올라가는 평화적 모험담에 대한 벌이기도 했다. 임시 대피소에 숨어 있던 아흐마드는 사흘 뒤 군대가 떠나고 나서야 대규모 학살의 전말을 알게 되었다. 수십 명의 희생자 시신을 이슬람교 사원의 뜰에 모았다. 급한 대로 약 500명의 희생자를 위한 묘지가 마련되었다. "사실 처형 장소에서 바로 매장된 사람들까지 모두 합하면 700명이 넘습니다."라고 아흐마드가 분명히 말했다.

대규모 검거 당시 체포되었다가 사형된 수많은 운동가의 이름은 통계에 포함되지 않았다. 이들의 죽음은 사진 현상점 주인이, 어느 헌병이 나라를 떠나기 전 수천 구의 시신을 사진으로 찍었던, 코드명 '카이사르(Caesar)'라는 문서를 발견하면서 3년 뒤에야 세상에 알려졌다.

"저는 망연자실했습니다. 우리 마을, 우리 동네를 더는 알아볼 수 없을 정도였죠."라고 아흐마드가 말했다.

넋이 나간 아흐마드의 눈앞에는 대량 학살 이후 피란을 떠나는 가족의 행렬이 줄을 이었다. 하지만 아흐마드는 저항하는 심정으로 다라야에 머물며, 조직을 결성하기로 마음먹었다. 10월에 지역 의회가 꾸려졌다. 다라야를 지키고자 이 기구의 통제 아래에, 합의하여 새롭게 창설한 자유시리아군(Free Syrian Army) 두 개 여단을 놓았다. 이것은 다라야 시민운동만의 고유한 특성이었다.

바샤르 알 아사드는 사람들이 자신에게 저항하는 것을 좋아하지 않았다. 2012년 11월 8일, 다시 보복을 시작한 아사드는 이번에는 다라야에 봉쇄령을 내렸다. 이 끔찍한 조치가 내려지자 또다시 피란 행렬이 줄을 지었다. 아흐마드의 부모님도 거기 속했다. 그들은 아흐마드에게도 함께 가자고 애원했다. 하지만 젊은 운동가 아흐마드는 알 수 없는 앞날이 두렵지만 남기로 했다.

"혁명은 중도에 포기해서는 안 되니까요." 아흐마드가 힘주어 말했다.

다음에 닥칠 일을 그는 상상하지 못했다. 이듬해인 2013년 8월 21일, 두 개의 미사일이 한밤중에 다라야의 하늘을 가로질렀다. 이상하게도 더 폭발이 이어지지는 않았다. 다만 몇 분 사이에 반란이 일어난 외곽 지역의 보건 진료소가 경련과 동공 수축, 호흡곤란 등과 유사한 증상을 호소하는 환자로 붐비기 시작했다. 다마스쿠스 지역의 중심부에 있는 다른 반정부 마을들과 마찬가지로 다라야도 화학무기 공격의 희생양이 된 것이었다. 자말카(Zamalka), 두마(Duma) 혹은 모아다미야처럼 다라야에도 떨어진 이 미사일이 치명적인 유독가스를 방출했는데, 프랑스 기관은 이 가스가 사린(Sarin)이라고 밝혔다.

프랑스, 영국, 미국이 서로 협의하기 시작했다. 러시아와 중국이 거부권을 행사한 것에 굴복한 유엔 안전보장이 이들과 별도로, 공습을 감행해서 따로 시리아 정부를 제재하기로 공동 결의했다. 하지만 처음에는 적극적으로 찬성했던 미국 대통령 버락 오바마(Barack Obama)는 영국 의회가 시리아에 개입하기를 거부하자 자신도 입장을 철회하고, 미국 의회에 결정을 맡겼다. 결국 군사적 개입에 반대하는 의견이 우세한 것으로 드러났다.

그 결과 러시아의 제안에 따라 시리아의 화학무기고는 폐기를 최종 목표로 하는 국제적 통제에 놓이게 되었다. 다라야의 주민이 값비싼 대가를 치러야 했던 것에 비해 매우 기본적인 보복 조치였다. 악명 높은 공습 이후 저항하는 마을은 잔학한 행위의 실험실로 변했다. 자신의 죄에 벌을 받지 않은 바샤르 알 아사드는 더욱 억압의 고삐를 죄며, 악습에 굴복하지 않는 아흐마드와 남은 사람들의 목숨을 빼앗았다.

"하지만 우리는 꿋꿋하게 머리를 들어야 했습니다. 무너질 수 없었어요. 우스타즈가 먼저 만들어놓은 고랑을 따라 계속 파나갔습니다." 아흐마드가 말을 이었다.

그리고 2013년이 저물던 어느 날, 폐허 속에서 책을 구해내자는 발상이 떠올랐다. 처음에 망설였던 아흐마드도 결국 수긍했다. 폭력의 덫에 빠지지 않고, 다마스쿠스의 국가원수에게 던질 수 있는 최고의 도발은 그의 논리를 반박하는 것이 아니겠는가?

바샤르 알 아사드는 모든 생존자를 매장하겠다고 장담했다. 마을을, 남아 있는 주민을 모두 파묻겠다고 호언했다. 집도, 나무도, 포도송이도, 책도.

그 폐허 속에서, 아흐마드는 종이로 된 요새를 구축해 냈다.

바로 다라야의 비밀 도서관이었다.

도서관 규칙

2015년 10월 말.

며칠이 흐른 뒤, 메일함에서 아흐마드가 보낸 메시지를 확인했다. '도서관 규칙'이라는 제목이 붙어 있는 메일을 읽어 내려갔다.

1. 모든 도서는 대출하려면 사서에게 확인을 받아야 합니다.

2. 반드시 정해진 기한 내에 도서를 반납해주세요.

3. 대출 도서를 지나치게 오래 연체한 회원은 다른 도서의 대출이 금지됩니다.

4. 다른 사람들이 조용하게 독서할 수 있게 소음을 내지 않도록 주의해주세요.

5. 열람실을 깨끗하게 이용하도록 주의해주세요.

6. 이용하신 도서는 원래 있던 제자리에 놓아주시면 감사하겠습니다.

추신으로, 아흐마드는 이 규칙들을 종이 한 장에 인쇄하여 모든 사람이 잘 볼 수 있도록 지하 입구의 기둥에 붙여놓았다고 설명해주었다.

이 청년들은 아주 근사했다. 혼돈의 한가운데에서 도서관은 국경이 없는 영토였다. 일렬로 줄지어 선 대륙이었다. 그 어떤 특혜나 방탄복 없이도 책을 유통할 수 있는 비밀의 은신처였다. 공격이 미치지 못하는 이 장소에서 이들은 아늑함을 느낄 뿐 아니라, 도덕적이고 교훈적인 정신도 함양할 수 있었다. 이것이 바로 견뎌낼 힘이 된 것이다. 그것은 함께 사는 정신이다. 또한 폭력의 경계를 허무는 평범한 일상의 감동이었다. 더욱 뜻밖의 일은 자유시리아군 병사들도 자주 도서관을 찾아온다는 것이었다.

"제일 성실한 독자는 반군의 한 병사였어요. 정말 책벌레예요. 그 병사는 눈앞에 보이는 책은 모두 읽었죠. 우리는 그에게 '이븐 할둔'이라는 별명을 붙여주었어요. 그만큼 튀니지의 유명한 역사학자가 쓴 책에 코를 박고 보내는 시간이 길었죠."

아흐마드가 웃으며 말했다.

한 손에는 자동소총,
다른 한 손에는 책

다음 날 아흐마드가 나에게 오마르 아부 아나스(Omar Abou Anas), 일명 이븐 할둔이라 불리는 청년을 소개해주었다. 평소와 다름없는 배치였다. 컴퓨터 한 대. 마주 보는 의자 두 개. 그리고 배경음으로 들리는 전쟁의 소음.

"안녕하세요." 오마르가 내게 인사했다.

오마르는 문학의 아랍어와 가까운 매우 세련된 시리아 방언을 자유롭게 구사했다. 위대한 석학들의 책을 읽은 것이 오마르의 어휘 구사에 영향을 준 것 같았다. 화면에 피어오르는 픽셀의 구름 속에서 훌륭하게 수염을 기른 얼굴을 알아보았다. 나는 통역을 도와주는 친구의 수고에 의지해, 오마르의 말에 귀를 기울였다.

오마르 역시 엔지니어가 될 요량이었다. 하지만 그것은 혁명 이전의 일이었다. 전쟁이 오마르의 인생을 뒤엎기 전 말이다.

"정부군이 우리를 향해 총을 쏘기 시작하면서, 우리는 시위 참가자들을 보호해야만 했습니다. 그래서 저는 학업을 중단하고 항전에 참여하기를 자원했습니다. 그때 처음 무기를 잡아보았죠."

스물네 살 때 오마르는 리와 슈하다 알이슬람(Liwa Shuhada al-Islam)의 반역자에 소속된다. 그것은 아즈나드 알샴(Ajnad al-sham)과 함께, 자유시리아군 남부 전선의 두 부대 가운데 하나였다. 이 젊은 병사는 열여덟 살에서 스물여덟 살 사이의 수많은 다라야 청년 가운데 한명으로서 다음 날부터 전장에 내몰리게 되었다. 청년 병사들은 정식 군대에서 탈영한 전투 부대장들과 달리 전쟁의 경험이 전혀 없었다. 그들은 대학교 강의실 옆자리에 있던 예전의 동급생 혹은 같은 층에 사는 사람들이다. 이들은 때때로 세 명이 하나의 무기로 폭탄과 탱크에 맞서서 전쟁을 치렀다.

리와 슈하다 알이슬람을 해석하면 '이슬람 순교자 여단(Martyrs of Islam Brigade)'이라는 뜻이다. 혼란스러운 지점이었다.

"당신은 스스로 지하디스트라고 생각합니까?"

나는 일부러 오마르를 자극했다. 객관성을 기하고자 하는 것만큼이나 호기심이 일었다. 또한 다마스쿠스의 계속되는 비방에 맞서서 이름표를 분명하게 할 필요가 있었다. 오마르는 내 질문에 긴 침묵으로 답했다. 오마르의 얼굴이 어두워졌다. 나는 오마르가 기분이 상했다고 생각했다. 이윽고 오마르가 심호흡하더니 침착하게 설명했다.

"만일 제가 체제에 맞서기로 마음먹었다면, 그것은 저의 고향을 지키고 싶어서입니다. 내 조국, 내 자유권. 전쟁은 선택이 아니었습니다. 그것은 필연적이었어요. 다양성을 존중하려는 것이었죠. 친구들이 그저 변화를 요구하는 팻말을 흔들다가 당신의 눈앞에서 스러진다면, 다른 시위 참가자들을 보호하려는 마음 말고 더 무엇이 있겠습니까? 안타깝게도 여기에서 모든 일이 출발했습니다. 그리고 정부군의 폭격 아래에서 폭력의 악순환이 시작되었습니다."

오마르의 말은 지하디스트가 흔히 사용하던 습관적인 이데올로기 용어나 선동적인 말을 배제한, 투명하고 순수한 것이었다. 한번도 '위대한 알라'나 '이슬람의 복수전' 혹은 '십자군의 음모' 등(이런 용어는 광신적인 이슬람교도가 그들의 대화나 인터뷰에서 매우 부각하는 표현이었다.)을 입에 올리지 않았다. 사실 오마르의 말은 2011년 혁명의 구호처럼 순진하게 들렸다. 자유를 향한 갈증, 자신을 보호하고자 손에 든 무기. 화면의 저편에서 오마르가 다시 말을 이었다.

"우리를 광신도로 보이게 함으로써 우리 이미지를 손상하려는 사람들에게 들려줄 저의 대답은 간단합니다. 우리는 다만 이슬람교도일 뿐입니다. 그렇게 된 거예요. 그것은 우리 문화예요. 하지만 우리는 종교를 사칭한 모든 것에 반박합니다. 알카에다(Al-Qaeda)의 시리아 지부인 알누스라 전선(Front al-Nosra)이든 다에시든 누구든 말입니다. 그 사람들은 우리 생각을 대변하지 못해요. 그들은 우리 생각을 왜곡했습니다! 이 저항은 정의를 호소하고, 이슬람이 아닌 인간의 권리를 존중하는 데서 시작되었다는 것을 잊지 말아야 합니다."

나는 정확히 어느 순간에 책이 오마르의 인생에서 매우 중요한 지점을 차지하기 시작했는지 궁금해졌다. 도서관을 세우면서부터였을까? 아니면 특별히 어떤 글을 읽게 되면서였을까?

"그건 전쟁이 몇 년이고 계속될 수 있다는 걸 깨달았을 때였어요. 우리가 의지할 것은 자기 자신밖에 없다는 것을 깨달았죠."

그때부터 책은 더는 다닐 수 없게 된 대학을 대신하게 되었다. 오마르는 스스로를 교육해야 했다. 광신도들이 퇴보적인 사상을 강요할 기회를 주지 않도록 공백을 메워야 했다.

"책은 그런 저에게 중요한 영향력을 미치게 되었어요. 제가 길을 잃지 않도록 도와주었죠."

오마르가 모든 책을 닥치는 대로 탐독하기 시작한 것은 바로 이렇게 된 일이었다.

"이븐 할둔을 좋아합니다. 정치와 신학에 관한 책을 많이 읽었어요. 하지만 저는 국제법과 사회과학을 다룬 서방의 책에도 관심이 많습니다. 우리가 새로운 정치 체제의 형성을 준비하려면, 다양한 사상의 흐름을 배우는 길밖에 없습니다."

그때부터 오마르는 전쟁과 문학 사이에서 이중생활을 했다. 한 손에는 칼라시니코프 자동소총을 들고, 다른 한 손에는 책을 들고 말이다. 오마르는 병참선에 자신의 '작은 도서관'도 만들었다. 모래주머니 뒤로 틈을 메워 완벽하게 정렬한 10여 권의 책으로 꾸민 도서관이었다. 이 콘셉트는 다른 아사드 반군들에게도 영감을 주었다. 폭탄이 잠잠해지면 이들은 책을 돌려가며 읽고, 독서에 대해서 서로 조언했다.

"전쟁은 역효과를 낳았어요. 사람들을 변하게 하고 감정과 슬픔, 두려움을 죽였어요. 전쟁하고 있을 때, 사람들은 세상을 다르게 바라봅니다. 독서는 이러한 기분 대신 살아갈 힘을 줍니다. 우리가 책을 읽는 것은 무엇보다 인간성을 유지하려는 것이에요."

오마르에게 독서는 생존 본능이자 생명 유지에 꼭 필요한 것이다. 휴가 때마다 오마르는 새로운 책을 빌리려고 도서관으로 서둘러 달려갔다. 책은 오마르의 마음을 사로잡고 놓아주지 않았다. 총을 메고 홀로 밤을 지킬 때도 독서는 유일한 친구였다. 오마르는 책에 의지하고, 말이 지닌 마법 같은 힘을 믿으며, 글의 유익함을 신뢰했다. 이 영혼의 상처를 싸매는 붕대, 움직이지 않고도 탈출할 수 있게 해주는 신비한 연금술은 시간을 멈춰주었다. 하나의 책은 또 다른 책으로 이어졌다. 사람들은 머뭇거리기도 하고, 앞으로 나아가기도 하며, 멈췄다가 또다시 시작했다. 그러면서 배워나갔다. 모든 책은 저마다의 이야기, 또 다른 인생, 하나의 비밀을 품고 있었다.

"그동안 읽었던 책 중에 어떤 것을 가장 좋아하나요?"

"『알카와카(Al-Qawaqa'a)』요." 오마르가 주저 없이 대답했다.

알카와카! '껍질'이라는 뜻이다. 나는 이 소설을 알고 있었다. 혁명 전에 이 서늘한 소설을 읽었다. 기독교 신자라고 고백한 시리아 작가 무스타파 칼리파(Mustafa Khalifa)는 팔미라의 가공할 감옥인 '사막의 감옥'에서 12년간 구금 생활을 한 뒤에 이 작품을 집필했다. 하페즈 알 아사드 치하에서 악몽 같았던 수감 생활, 간수들의 야만적인 행위, 끔찍한 고문의 묘사로 채운 1인칭 시점의 이야기였다. 나는 오마르가 그와 같은 공포의 연대기를 읽을 용기가 있었다는 사실에 놀랐다. 마치 일상에서는 그런 일을 전혀 구경도 해보지 못하는 것처럼…….

"아사드 부자의 통치 기간에 이 작품은 금지되었습니다. 검열 상황이 그랬으므로 정권의 현실적인 폭력성을 담은 정보는 거의 접하지 못했습니다. 우리는 대부분 아사드 지지군이 우리를 난폭하게 다루기 시작했던 혁명의 초기에야 그 사실을 제대로 알게 되었습니다. 이제 우리의 과거에 눈을 뜨는 것이 중요합니다. 의심과 절망의 순간에 과거는 왜 우리가 싸워야 하는지를 일깨워주었습니다."

『알카와카』의 잔혹성에도 불구하고 오마르는 이 책과 특별한 인연을 맺었다. 오마르에게 하나의 새로운 문을 열어준 것이다. 그것은 감추어졌던 조국의 역사로 통하는 문이었다. 기억의 말살자, 획일적 사상을 강요하는 국가원수에 대항하는 독서였다. 나는 예전에 금지되었던 그 책이 다라야에서 가장 많이 읽힌 책 가운데 하나라는 사실을 나중에 알게 되었다. 그 작품은 1990년대 운동권의 구성원이자 우스타즈의 친구인 저항파 야히아 초르바지(Yahya Chorbaji)의 집에서 발견한 책이어서 이들에게 무엇보다 소중했다. 2011년, 야히아는 다라야의 '작은 간디'라고 불렸던 기야트 마타르와 같은 시기에 체포되었다. 그 후 야히아의 가족은 그의 소식을 전혀 듣지 못했다. 하지만 야히아라는 이름은 모두의 입에 오르내렸다. 그리고 도서관에 생긴 불문율에 따라 그 이름은 작품 첫 장의 잘 보이는 곳에 표시되었다.

오마르가 특히 이 책을 좋아하는 것은 자기 자신의 상황을 떠올리게 하기 때문일 것이다. 사방이 막힌 곳에서 어떻게 살아갈 수 있을까? 강제로 구금된 상태를 어떻게 견딜 수 있을까?

오마르는 책 속의 한 구절을 내게 읽어주었다.

나는 과거를 펼쳐 보이고 미래를 꿈꾼다. 그것이 습관이 되었다. 깨어 있는 채로 꾸는 꿈. 그것은 나에게 많은 즐거움을 불러일으키는 마약과 같았다. 나는 꿈을 차근차근 구상하며, 아주 사소한 부분까지 세심하게 더하고, 그것을 그리고, 또 고쳐 나간다. 몇 시간 동안 앉아서 혹은 서서, 나는 그 꿈속에 잠긴 채 내가 발 디딘 현실을 잊곤 한다. 나는 모든 것이 아름답고 편안한 현실 속으로 옮겨간다.

여전히 독서에 빠져 있던 오마르가 고개를 들고 말을 이었다.

"『알카와카』는 제 모습을 투영한 거울 같아요. 최악의 상황을 견디고자 스스로 지어낸 보호막이자, 위험으로부터 몸을 숨기는 껍질이었습니다."

독서에 대한 오마르의 확고한 신념은 제1차 세계대전에 참전한 병사들의 증언과 편지를 떠올리게 했다. 2년간 전방에서 80여 권의 책을 탐독했던 사범학교 학생 마르셀 에테베(Marcel Étévé). 부인이 참호에서 읽을거리를 계속 보내주었던 알프스 보병 대위 로베르 뒤바를르(Robert Dubarle). 영내에 350여 개의 도서관을 세울 수 있도록 후원한 것으로 유명한 프랭클린재단(Franklin Society). 도피를 위한 독서. 자신을 되찾기 위한 독서. 실존을 위한 독서…….

다라야의 젊은이들에게는 이보다 훨씬 더 중요한 것이

다. 그곳, 시리아의 고립된 지역에서는 독서 또한 위반 행위였다. 그들이 그토록 오랫동안 빼앗겼던 자유의 표명이었다.

강제로 포위된 상황인데도 이들이 고를 수 있는 책은 역설적이게도 1914~1918년의 병사들보다 선택의 폭이 더 넓다. 과거에는 사상을 통제하고, 양심상의 이유로 병역을 거부하는 자를 단념하게 할 목적으로 군율에 따라 정기적으로 엄격하게 책을 검토했기 때문이다. 다라야에서는 출판물에 대한 어떤 사전 검열도 없다. 적극적 행동주의자와 자유시리아군 병사들은 폐허에서 수천 권의 책을 구해내어 도서관 책장에 모두 가져다 놓았다고 했다. 그리고 많이 찾는 일부 책이 없을 때는 새로운 기술이 해결책을 마련해주었다. 혁명의 초기에 설치한 작은 위성안테나 덕분에 인터넷에 접속하여 수십 편의 정치와 철학에 관한 논문을 내려받아 스마트폰으로 직접 열람할 수 있었다.

"친구들이 온라인에서 찾은 여러 권의 책을 제 스마트폰으로 전송해주었어요. 특히 제가 새로운 책을 빌리러 도서관에 갈 시간이 없을 때 무척 도움이 되었어요."라고 오마르가 털어놓았다.

오마르의 꿈은 말로만 듣던 마키아벨리의 『군주론』을

디지털본으로 갖는 것이다. 통화를 끝내면서, 나는 『군주론』의 아랍어 번역본을 찾아보겠다고 약속했다. 그 어떤 음산한 내용의 책도 상상할 수 없을 온갖 위험이 도사리는 전쟁터로 되돌아가는 오마르의 모습을 눈에 그려보았다.

〈레미제라블〉과 〈아멜리에〉

　다라야의 퍼즐 조각들이 조금씩 맞춰졌다. 아흐마드, 아
부 엘에즈, 오마르에 이어 수십 명의 행동주의자와 반역자
가 온라인 대화의 대열에 동참했다. 단편적인 정보들을 대
조하여 검증하기 위해 될 수 있으면 많이 인터뷰하도록 그
범위를 확대했다. 도피 중인 반체제 인사들을 만나고자 레
바논으로 갔다. 망명한 다라야 의회의 이전 대표들을 인
터뷰하려고 터키 남부의 가지안테프(Gaziantep)까지 왕복했
다. 나는 언론인, 외교관, 인도주의자 등의 도움을 받아 다
라야에 대해 자세히 알아가기 시작했다. 이스탄불로 돌아
와서 1990년대 시민운동가를 여럿 알게 되었다. 그들은
다라야의 특수성에 대해 의견을 같이했다. 다라야는 '회복

력'의 상징이자 전쟁에도 불구하고 민간이 군에 통제력을 행사하는 관할권을 가진 유일한 사례다.

나는 아흐마드를 계속 탐구했다.

지하디스트에 대한 의문이 나를 괴롭혔다. 다마스쿠스에서 친정부 텔레비전 채널인 알두니아(Al-Dounia)는 매번 같은 말을 끊임없이 되풀이해서 쏟아냈다. 다라야는 테러리스트의 소굴이라는 것이다. 이들을 반드시 소탕해야 하며, 이들과 진심으로 싸워야 한다고 말이다. 공식적인 이야기를 만들어내는 데 열심인 국가의 거짓말은 의심할 여지가 없었다. 하지만 나는 그 점에 대해 아무런 의혹도 없기를 바랐다. 즉, 그들이 소수라 할지라도 다라야 외곽에서 이슬람 테러리스트를 받아들였을까, 안 받아들였을까?

아흐마드는 내 질문을 메모했다. 그리고 대답했다.

"솔직하게 말씀드리겠습니다. 반란 초기에 다라야의 시위 참가자 대다수는 시리아 혁명을 상징하는 녹색과 적색의 기를 흔들었습니다. 그러다가 소수의 몇몇 사람이 흰색 글자로 이슬람교도의 신앙 고백이 새겨진, 그 유명한 흑색 깃발을 들기 시작했어요. 사람들이 처음에는 그들을 내버려두었어요. 그러다 결국 우리에게 단일한 사상, 단일한 색깔을 부여하려는 정부 권력의 지배 아래에서 수많은 고통을 겪게 되었습니다. 그러한 데다가 우리는 그 검은색 깃발이 알카에다나 특정한 어떤 세력의 것이 아니라 대예언자의 깃발이 되기를 바랐습니다. 깃발로 이슬람을 내세우는 것은 거세 콤플렉스에 사로잡힌 정권에 맞서는 하나의 방식이었습니다.

그 후로 2012년 말, 다라야가 친아사드 군대에게 포위되었을 때, 알누스라 전선의 6인조 시리아 병사가 다라야에 침입했습니다. 이때만 해도 인접 지역인 모아다미야로 이어진 좁은 길을 통해 마을로 침투할 수 있던 때였죠. 자유시리아군의 반아사드파 병사들은 초보 단계에 있었습니다. 이슬람국가(Islamic State, IS) 조직은 아직 생기지 않았고요. 알누스라 전선에 대해서는 사람들이 아는 바가 별로 없었어요. 맞아요, 그래서 사람들이 그들에게 매료되었죠. 특히 젊은이들이 쉽게 영향을 받았어요. 의심 없는 무지 탓에. 또 절망으로 말미암아. 때로는 단순한 반항심에 말이죠.

알누스라 전선의 새로운 가담자들이 예전에 우스타즈를 따르던 세력과 급속도로 불화하기 시작했습니다. 이들은 우스타즈를 따르는 구세력을 서방 세력의 대리인이자 이슬람을 모욕한 카피르(kafir, 신앙심이 없는 자)라고 비난했습니다. 몇 차례 싸움이 이어지면서 긴장감이 감돌았습니다. 2014년, 지역 의회는 상황이 악화하지 않도록 이러한 대립에 종지부를 지었습니다. 다라야의 양측 대대장, 리와 슈하다 알이슬람과 아즈나드 알샴과 함께 공동 헌장에 서명한 것입니다. 그 어떤 군사 조직도 모두의 동의 없이는 조직되지 못하도록 규정한 문서였습니다."

다시 한번 지성의 목소리가 다라야에서 지하디스트를 압도한 것이다. 알누스라 전선이 점령했다가 이후에 다에시가 점령하며 혁명 이후 3년간 칼리프 관할구에서 시리아의 수도로 삼았던, 반아사드 저항 세력의 또 다른 보루인 락까(Raqqa)와 달리 고립된 다라야는 지하디스트에 정면으로 맞섰다. 강한 영향력을 행사할 수 없게 되자 알누스라 전선의 군대는 마침내 어디론가 사라지고 말았다. 영원히 사라진 것이다.

하지만 만일 다라야가 지하디스트를 쫓아내는 데 성공했다면, 그것은 그 조직이 준엄하고 독특했기 때문일 것이다. 군사적 결정은, 저항 세력이 통제하는 대부분 다른 고립 지역에서처럼 자유시리아군이 내린 것이 아니라, 지역 의회가 내렸다. 전쟁 탓에 불안정한 상황에서도 이 체제는 완벽하게 조직화했다. 10여 개의 사무소를 갖추고, 행정·

군사·법률·재정 등을 다루며, 대외 홍보·보건·공공 서비스 등의 세부 업무도 보완했다. 그 자체가 하나의 작은 정부였다.

"한 가지 털어놓을 것이 있어요." 아흐마드가 이야기를 계속했다. "저 역시 망설였던 시기가 있었어요. 무기를 사용하는 전쟁에는 반대했지만, 아주 초기에는 알누스라 전선의 이야기에 끌렸습니다. 몇 가지 매력적인 요소가 있었어요. 이들은 연설에 매우 숙련되어 있었습니다. 이들이 알카에다와 가깝다는 것은 상상하지도 못했어요. 저는 순진하게 우리를 도와주고 혁명을 지지하려고 왔다고 생각했어요. 결국은 정권을 변화시키려는 의지를 같이 공유했습니다. 하지만 그들은 곧 본색을 드러냈어요. 다른 지역에서 자살 테러를 자행하고, 통제하고자 하는 지역에 공포감을 조성하며, 자유시리아군의 군사들을 공격하고 살해했어요. 다에시의 지하디스트와 달리, 이들의 테러 작전은 시리아 국경을 넘지 못했지만, 나라를 암흑으로 물들이려 했습니다. 이슬람을 가장한 국수적이고 이념적인 야망이었죠."

알누스라 전선은 또 다른 형태의 도시환경 파괴로, 말하자면 그것의 종교적 버전이었다. 획일적인 사고를 볼모로

도시와 사람들을 변질하게 하려는 이들의 사악한 의도였다.

"우리 고립 지역의 특수성에는 반아사드의 반란 세력이 모두 다라야 사람이라는 점도 있습니다." 아흐마드가 말을 이었다.

"대부분 젊은이는 비전문가로 혁명 당시 처음으로 무기를 손에 들었는데, 그것은 정권의 총탄으로부터 스스로 자신을 지키려는 것이었습니다. 이들 가운데 3분의 1은 오마르처럼 학생이었습니다. 하지만 터무니없게도 바샤르 알 아사드는 해외 군사 세력이 침투한 것이라고 우리를 비난했습니다. 정작 그들의 군대는 러시아 군대에서 비행기를 지원받고, 이란·이라크·아프가니스탄·파키스탄 등의 민병 대원을 동원하여 남은 온건파 저항 세력을 억압하려 했습니다. 정치적 선전에 박차를 가하며 바샤르 알 아사드는 서방 세계가 자신만이 다에시에 맞서는 유일한 방패라고 믿도록 하는 데 전력을 쏟았죠. 실제로 다마스쿠스 정부의 폭력성은 반대자들을 더욱 급진화시키기만 했습니다. 아사드는 잡초를 뽑는 대신 오히려 보존한 것입니다. 아사드가 진심으로 테러리즘을 뿌리 뽑고자 했다면, 정권은 이미 오래전에 다라야가 아닌 락까를 폭격하기 시작했을 것입니다."

아흐마드는 잠시 말을 그쳤다. 정치적으로는 충분히 말했다. 다시 본래의 주제, 도서관에 대해 이야기하고 싶어 했다.

"책이 우리를 구해주었어요. 무지의 암흑에 맞서는 가장 좋은 방패막이였어요. 더 나은 날들이 오리라는 보증과 같았죠. 우리는 인내심을 길러야만 합니다. 당신의 조국, 프랑스도 그런 시간을 겪었죠. 혁명은 어느 날 갑자기 이루어지는 것이 아니니까요.

예전에 친구와 함께 영화 〈레미제라블〉을 본 적이 있습니다. 빅토르 위고의 소설을 바탕으로 한 그 영화를 인터넷으로 내려받은 것이었죠. 얼마나 우리를 의기소침하게 했는지요! 하지만 동시에 저는 생각했습니다. 오랜 시간이 걸리긴 했지만, 프랑스는 결국 그들이 바라던 것을 얻어냈어요. 사회적 정의, 민주주의. 이것은 저에게 희망을 되찾게 해주었습니다. 제가 좋아하는 영화 〈아멜리에〉를 수없이 봤을 때 제 마음을 사로잡았던 것과도 같은 희망이었어요."

테러리스트는
용서를 구하지 않는다

2015년 11월 13일.

금요일, 나는 이스탄불에서 가까운 혹은 먼 곳에서 온 친구 몇 명과 함께 보스포루스(Bosphorus)해협 근처에 모여 생일 파티를 했다. 현실의 지옥 같은 소용돌이 속에서 짧은 휴식의 시간이었다. 전날에는 두 건의 자살 테러가 베이루트를 흔들어놓았다. 지난달에는 터키의 수도 앙카라(Ankara)가 두 차례 자살 테러 공격을 받아 슬픔에 잠겼다. 다마스쿠스가 온건파 저항 세력과 전쟁을 치르는 사이에 다에시라는 괴수는 독자 노선을 걸으며, 이라크와 시리아 사이에 걸친 자칭 칼리프 관할구의 접경 지역을 넘어 공격 범위를 확대해나갔다.

비관주의가 그 지역을 덮쳤는데도 이스탄불은 여전히 터키·레바논·시리아·아프가니스탄·이란·이집트·프랑스·미국의 친구들이 어딘가 모여서 파티를 열 수 있는 국제적인 도시였다. 이 다원적인 도시는 망명이나 때 이른 죽음 등 상처를 감싸는 역할을 했다.

밤 11시 30분이다. 저녁 식사가 끝나자 한 터키 친구가 다가와 나에게 속삭였다. "파리에서 무슨 일이 일어났는지 봤어?" 나는 그 친구를 바라보았다. 손에 스마트폰을 쥔 그는 파랗게 질려 있었다. 그는 나를 붙잡았다. 그의 휴대전화 화면에 적색 램프가 깜박거렸다. 프랑스 생드니에 있는 축구 경기장 스타드 드 프랑스(Stade de France)에 폭발음이 울린 것이다. 10구와 11구에 있는 카페의 테라스에서는 총격이 있었다. 바타클랑(Bataclan) 극장에도 총기 난사가 있었다. 나는 부모님과 누이 그리고 친구들에게 전화했다. 전화가 연결될 때마다 기계적으로 반복했다. "괜찮아?" 역할이 뒤바뀐 것 같았다. 아랍의 여러 무슬림 국가에서 지낸 지 8년 만에 내가 그 질문을 하는 사람이 된 것이다.

그날 밤의 파티는 걱정하며 통화하고 불안한 마음을 나누다가 끝을 맺었다. 우리는 서로 안심시키며 괜찮아 보이려고 혹은 그다지 심각하지 않은 듯이 보이고자 이런저런 사소한 이야기를 나누었다. 그리고 다음 날 악몽에서 깨어나듯이 일어났다.

하지만 그 악몽은 현실이었다.

텔레비전에서는 그 소식만을 다루었다. 최소 128명의 사상자. 400명 이상의 부상자. 그리고 '악행과 타락의 수도'를 목표로 삼으려 했다는 이슬람국가 조직의 명백한 주장. 『샤를리 에브도*(Charlie Hebdo)』에 따르면, 1월에 파리 한복판에서 또다시 공격을 받는다. 다치고 상처 입은 파리. 자신이 태어난 도시가 폭력 사태로 물들었다는 사실을 아는 것은 끔찍한 느낌이었다. 파리는 두 번의 전쟁, 두 번의 혁명, 두 번의 정치적 위기에서도 본래 자리를 되찾은 덕분에 흔히 무적의 도시로 여겨지던 안전지대였다. 그런데 갑자기 카드가 뒤섞여버렸다. 전쟁이 여기, 저기. 그리고 다른 곳까지. 전쟁이 집까지 들이닥친 것이다. 거리 모퉁이에. 최전방의 구분도 없는 전쟁.

딸아이가 잠에서 깨어났다. 나는 표정을 가다듬어야 했다. 아무것도 내비치지 말아야 한다. "와, 토요일이네. 열한 시가 다 됐어." 11시는 동화책 읽는 시간. 절대 놓치지 않

---

* 프랑스의 풍자 전문 주간지

는 의식이었다. 우리는 아침 식사를 건너뛰고 외투를 걸쳤다. 거리로 나서자 나는 딸아이의 손을 잡았다. 그리고 시미트*(simit) 상점을 지나, 탁심(Taksim) 광장에 가기 전 고양이 한 마리를 쓰다듬고, 구경꾼이 모여 선 무리 사이를 통과했다.

전설적인 이스티클랄(Istiklal)의 보행 도로 입구에 있는 프랑스문화원에 국기가 반기로 게양되어 있었다. 정원은 거의 비어 있었다. 미디어자료실에는 슬픔으로 일그러진 얼굴의 부모들이 데려온 대여섯 명의 아이만 모여 있었다. 동화 구연가인 쥘리는 자신의 직분에 충실했지만, 슬픔으로 얼굴이 창백했다.

우리는 자리를 잡았다. 쥘리는 어린 관객들 앞에 우뚝 섰다. 천천히 책이 가득 든 가방을 열어 그 속에서 잡히는 대로 한 권을 선택해서 책장을 넘기기 시작했다. 쥘리가 몇 마디 시작하자 그 목소리가 소중한 위안으로 공간을 감쌌다. 어른들에게도 갑자기 의미 있게 다가온, 아이들을 위해 동화책을 읽어주는 친절한 요정 같았다. 도피를 위한 옛날이야기. 해방을 위한 책.

---

* 가운데 구멍이 뚫린 원형 모양의 터키 전통 빵

나는 주위를 둘러보았다. 잘 정리된 선반에 몇 가지 진정제가 놓여 있고, 입구에는 외투들이 걸려 있고, 동화 구연가 앞에는 흰색 의자들이 배치되어 있다. 처음으로 또 하나의 사실에 놀랐다. 바로 미디어자료실이 지하에 있다는 것이었다. 매주 토요일 그곳으로 가려고 계단을 내려갔다. 보호막인 껍질. 다라야에서처럼…….

집으로 돌아와 컴퓨터를 켰다. 나쁜 소식에서 벗어나고 싶은 욕망과 더 알고 싶은 갈증 사이를 오갔다. 메일함을 열자 내가 파리에 있다고 생각한 아흐마드의 메시지를 곧 발견할 수 있었다.

프랑스에서 일어난 일에 저희도 가슴 아파하고 있습니다. 다라야에 있는 우리도 테러리즘에 반대하는 프랑스와 같은 편입니다. 우리의 고통이 이토록 깊지 않다면, 폭격이 조금이라도 덜하다면, 우리도 연대의 표시로 촛불을 밝혔을 것입니다. 하지만 지금은 우리가 할 수 있는 일이 별로 없어 마음이 안타깝습니다.

잘 지내고 계시기를, 당신이 있는 곳이 위험하지 않기를 바랍니다. 우리가 얼마나 가슴 아프게 여기는지 알아주시기 바랍니다. 당신과 모든 프랑스 국민에게 애도의 마음을 전합니다.

불행하게도 테러리즘이 프랑스를 슬픔에 잠기게 했다면, 그것은 프랑스가 자유를 위한 우리의 항쟁을 지지하기 때문이라는 사실을 압니다.

우리는 프랑스인의 지지에 매우 감사하고 있습니다.

깊은 감사를 전합니다.

이런 편지에 누가 감동하지 않겠는가? 아흐마드는 폭탄이 비처럼 쏟아지는 곳에 살고 있다. 수많은 친구를 잃었고, 4년 동안 가족도 만나지 못하고 있다. 다라야에서 아흐마드의 일상은 긴급 상황의 연속이다. 그런 아흐마드가 이 메시지를 쓰느라, 연민의 마음을 나누고자 시간을 할애했다.

테러리스트는 용서를 구하지 않는다.

테러리스트는 죽은 자들 앞에서 눈물을 흘리지 않는다.

테러리스트는 영화 〈아멜리에〉나 빅토르 위고를 인용하지 않는다.

거기 있어요?

2015년 12월 7일.

아흐마드에게서 새로운 메시지를 받았다. 이번에는 포탄의 파편처럼 문장의 파편이 날카롭게 날아들었다. 메시지는 딱 한 줄이었다.

"도서관이 공격을 받았어요."

나는 곧 메시지를 다시 읽었다. 단어 하나, 음절 하나도 유심히 살피면서 두 편지가 쓰인 시기 사이에 일어난 일의 세부 사정을 알아내려고 했다. 하지만 헛수고였다. 아흐마드에게 전화하려고 허둥지둥 휴대전화를 집었다. 그의 전화벨 소리만 공허하게 울렸다. 나는 스카이프를 열었다. 아흐마드는 역시나 오프라인 상태였다. 그래서 나는 문자

메시지를 보냈다.

"괜찮아요?"

그의 침묵 앞에서, 나는 몇 시간 뒤 같은 질문을 되풀이
했다. 그리고 이렇게 덧붙였다.

"거기 있어요?"

한없이 긴 기다림 끝에 마침내 아흐마드의 대답이 도착
했다.

그렇다. 거기, 겨우 연결된 전화선 너머, 불안정한 접속
의 끝에, 접근할 수 없는 이 상처 입은 세상의 끝에 아흐마
드가 있었다.

아흐마드는 거기에 있었고, 화가 나 있었다. 대낮에 드
럼통 폭탄이 도서관이 있는 건물을 덮쳐, 5층 건물에서 두
개 층이 무너지고, 건물 입구는 산더미 같은 잔해로 변해
버렸다. 책으로 된 아고라가 있는 지하실 바닥은 책장이
무너져 책이 바닥에 나뒹굴었다. 책은 폭발로 말미암아 흐
트러지고 접히고 구겨진 채, 석고 가루나 유리 조각과 뒤
섞여 난파선의 잔해처럼 바닥에 널브러졌다. 떨어지면서
책의 책장들이 찢겨 나갔다. 책 표지는 찌그러졌다. 게다
가 먼지가 온통 내려앉아 회색 장막으로 탁자와 소파를 매
몰했다. 이제 또다시 책과, 판지로 만든 독서카드 등을 선

별하고 부러진 나무 선반을 고쳐야 한다.

하지만 걱정할 필요는 없다고, 다 잘될 거라고 아흐마드가 말했다. 아무도 다치지 않아서 사상자도, 부상자도 없다고 한다. 기적이었다. 게다가 사람들이 벌써 청소하고, 책을 제자리에 꽂고, 찢어진 책을 붙이는 등 일하고 있다고 했다. 그렇다. 그렇게 삶은 이어진다. 거리로 이어지는 주요 출입문만 폐쇄했다. 이제 도서관으로 들어가려면, 왼쪽으로 돌아가야 한다. 벽에 그저 구멍 하나를 뚫어 만든 출입구는 눈에 잘 띄지 않아서 더 안전할 것이다. 그리고 물론 도서관은 다시 문을 열 것이다. 만일 그것이 당장 내일이 아니더라도, 그다음 날쯤엔 열릴 것이다, 신의 뜻대로(inch'Allah). 기다리는 동안 사람들에게는 스마트폰에 PDF 파일로 저장한 읽을거리가 있다.

아흐마드는 이 모든 이야기를 간헐적인 문자메시지로 들려주었다. 때로는 시간을 절약하려고 왓츠앱의 무료 메시지에 음성을 녹음한 파일로 대답하기도 했다. 전쟁의 초기부터 그것은 멀리서 시리아 내부의 사람들과 소통할 수 있는 가장 좋은 방법이었다. 우리가 질문을 보내면, 그들은 시간이 날 때 혹은 통신이 연결될 때 우리에게 답했다. 4.0 버전의 전화기는 정권의 감시에서 벗어날 수 있었다.

아흐마드에게 그 공격이 고의적이었는지, 다마스쿠스가 일부러 도서관을 표적으로 삼았다고 생각하는지 물었다. 아흐마드는 잠시 침묵했다. 심사숙고한 후에 답하고 싶을 때는 그렇게 했다. 객관성을 기하고자 말을 아꼈다. 그러고 나서 자신도 아는 바가 전혀 없다고 내게 말했다. 알레포(Aleppo) 동부의 저항 지역과 북부 지역에서는 정권과 러시아 연합군이 의도적으로 병원, 의사, 구급차 등을 대상으로 폭격했다고 한다. 사전에 계획한 파괴. 유엔도 이 사실을 알았다. 다라야에서 한 것처럼 폭탄통을 이용한 공격은 그 의도를 입증하기가 더 어렵다. 그 타격을 예측할 수 없기 때문이다. 그 공격 방향이 정확하지 않다. 그래서 목표물을 제대로 겨누지 못하기도 한다. 하지만 바로 그 점 때문에 두려운 것이고, 그만큼 사람이 많이 죽을 수도 있다.

"고의든 아니든 이 공격은 바샤르 알 아사드가 우리를 증오한다는 증거입니다. 아사드가 우리의 목숨을 노린다는 증거이죠. 그것은 분명한 사실이에요."

이흐마드가 말을 이어나갔다. 그의 목소리가 조금 가라앉았다가 다시 본래의 음색을 되찾았다.

"우리를 생매장할 수 있다면, 하라고 해요!"

이번에는 내가 가만히 침묵을 지켰다.

나는 소설 『화씨 451(Fahrenheit 451)』을 떠올렸다. 책에 불을 지른 미친 소방수들. 1953년 출간된 레이 브래드버리(Ray Bradbury)의 이 소설에서 책 읽기는 금지된 일이었다. 이를 위반한 자들을 벌하고자 거리를 누비고 다니던 특별 부대를 생각했다.

그중에서 비티 대장이 한 말이 떠올랐다.

책은 옆집에 장전된 무기다. 불태우자. 무장을 해제하자. 인간의 정신에 포격을 가하자. 누가 교양 있는 인간의 목표가 될지 어떻게 알겠는가?

책은 독재자를 두려워하게 하는 대중 교육의 무기다.

언젠가 아흐마드와 20세기의 이 소설에 대해 함께 이야기를 나누어야겠다고 생각했다. 아흐마드의 긴 작품 목록에 포함될 것 같은 예감이 드는 소설이다.

캐논 D70을 든 증인

그 이후로 다라야는 더욱 짙은 암흑에 파묻혔다. 다마스쿠스가 다라야를 폐쇄한 채 헬리콥터로 폭탄을 쏟아부었다. 머리를 잔해 속에 파묻고 위험에 눈을 감아야 하는 삶이었다. 2016년이 밝아오면서 끈질기게 이어지던 공중 타격과 함께 겨울의 추위가 도시에 휘몰아쳤다.

"다라야, 햇빛을 보지 못한 도시"지역 의회가 만들어 유튜브(YouTube)에 게시한 영상에 떠 있는 쓸쓸한 문장이었다. 12월 한 달 동안만 933개 이상의 드럼통 폭탄을 다라야에 투하한 것으로 집계되었다. 만들기 쉽고 값이 싼 이 폭탄은 시리아군이 애용하는 테러 무기 가운데 하나다. 이것이 아흐마드가 침묵한 이유일까? 도서관 공격 이후로 아흐마드는 말수가 줄었다. 나는 다마스쿠스 외곽을 덮친 또 다른 나쁜 소식 때문에 아흐마드가 정신을 차리지 못하고 있다고 짐작했다. 2016년 1월, 실패한 수차례 공격 이후에 정권은 다라야가 인접한 모아다미야와 교류를 완전히 단절하게 했다. 외부 공급 물자의 마지막 보루를 빼앗은 것이다. 그 이후로 다라야는 막다른 상황에 놓였다. 지름길의 사용이 무기한 금지되었다. 봉쇄는 더 견고해졌다. 넋이 나간 사람들은 최후의 순간에 어디로든 도망가려고 집집마다 짐을 꾸렸고, 12만 명의 주민은 8만 300여 명으로 급격히 줄었다.

2016년 2월 초, 나에게 마을의 새로운 소식을 전하려고 인터넷 앞에 자리를 바꾸어 앉은 이는 아흐마드의 또 다른 친구였다. 스물여섯 살인 샤디(Shadi)는 둥근 얼굴에 조금 살집이 있는 몸매와 대조적으로 소심함이 묻어나는 목소리였다. 아흐마드와 달리 샤디는 독서에 푹 빠지지는 않았다. 하지만 샤디에게서 다라야 이야기의 새로운 장이 열렸다. 그것은 사진으로 보는 전쟁의 이야기로, 샤디는 혁명 초기부터 열심히 사진 자료를 수집했다. 샤디는 전 세계를 증인으로 삼고자 SNS에 이미지들을 게시했다. 항상 어깨에 카메라를 멘 샤디는 모든 것을 사진으로 찍고 영상으로 담았다. 아침부터 저녁까지 상흔을 참고 자료로 남기려고 도시의 상처 사이를 누비고 다녔다.

샤디의 일상을 요약해서 보여준다면, 우리가 처음 교류할 때 나와 함께 공유했던 단 한 편의 비디오로 말할 수 있을 것이다. 2014년에 촬영한 겨우 1분 남짓한 길이의 영상이 나의 뇌리를 떠나지 않았다.

영상을 보던 나는 눈을 크게 떴다. 잿빛 하늘에 무시무시한 프로펠러가 돌아가는 헬리콥터 한 대가 낮게 원을 그렸다. 그러다 갑자기 이 쇠붙이로 된 새의 배가 열리더니 보조 꼬리 날개 위에 있던 드럼통 하나를 떨어뜨렸다. 이 살상 무기는 건물이 줄지어 선 곳을 향해 돌진하면서 속도를 내며 하강하기도 전에, 이미 천천히 그 궤적을 뒤흔들어 놓았다. 나는 요란한 기계음 속에서 공포에 질린 샤디의 목소리를 알아들었다. "알라는 위대하다.*(Allahou akbar) 알라는 위대하……." 첫 번째 폭음과 뒤이은 두 번째 폭발음은 샤디의 말소리를 끊어놓았다. 거듭된 폭발의 효과로 화면이 심하게 흔들렸다. 카메라가 발코니의 창살 뒤로 기울어지면서 흔들렸지만, 샤디는 멀리서 점점 짙어지는 두

---

* 신에게 도움을 청하거나 감사할 상황에서 외치는 말이다.

개의 커다란 연기 구름을 열중해서 계속 촬영했다. 드럼통 폭탄은 샤디가 있던 곳에서 불과 몇 미터 떨어진 곳에 주변을 황폐하게 하는 고철 덩어리를 쏟아부으며 투하되었다. 뷰파인더 뒤에서 젊은 남자가 다시 침착함을 되찾았다. "알라는 위대하다, 다라야, 2014년 1월 12일. 나는 폭탄을 촬영했다! 바로 눈앞에서 그것을 목격했다."

멀리서 누군가 샤디에게 숨 가쁘게 대답했다. "난 네가 있는 곳에 갈 용기가 없었어."

샤디는 용기는 있었지만, 그럼에도 충격을 받았다.

"그 이후로 저는 얼이 빠진 채 집 밖으로 나갈 수도 없었습니다. 폭탄이 너무 가까이 떨어진 것입니다. 저는 미친 사람 같았어요." 샤디가 알려주었다.

그것은 아사드 정권이 체계적으로 폭탄 투하 작전을 시행한 지 얼마 되지 않았을 때의 일로, 샤디가 본의 아니게 기록 보관자가 되게 했다.

"시간이 흐르면서 공포가 잦아들었습니다. 저는 전보다 더 열심히 촬영에 나서기 시작했어요. 죽음과 가까이 지내다 보니, 죽음에 대한 감정에도 무감각해졌어요."

샤디는 말할 때, 세밀화를 그리는 화가처럼 정확게 묘사했다. 그 뒤로 소리·이미지·형태·소재에 집착하게 된 샤디는 이제 하늘에서 떨어진 살상용 폭탄에 관한 모든 것을 알고 있다.

"우리는 3년 동안 6,000개에 가까운 폭탄이 투하된 것을 확인했습니다. 때로는 하루에 80여 개에 달하는 폭탄이 떨어졌습니다. 헬리콥터가 하늘을 지나가면, 사람들은 그것을 유심히 살펴보고 폭격이 어디에 있을지 예상하며 가장 가까운 대피소로 피하려고 했습니다. 그런데 이것을 실행하기가 쉽지 않았어요. 폭탄이 떨어지는 데는 30초밖에 걸리지 않는데, 그 시간은 재빨리 달아나기에 너무 짧았거든요. 밤에는 상황이 더 나빴습니다. 어둠 속에서는 폭탄을 알아볼 수 없었어요. 지하실이 있는 사람들은 그곳에 잠자리를 마련했습니다. 다른 사람들은 내일도 여전히 살아 있기를 기대하며, 잠들기 전에 기도해야만 했지요."

당시 유튜브에서 많은 사람이 공유한 영상 중의 하나가 된, 2014년 1월의 그 유명한 비디오를 촬영한 이후로 샤디는 그 불길한 드럼통 폭탄으로 말미암아 벌어진 수많은 비극을 기록했다. 예컨대 그해 말에 치명적인 공격을 받아 갑작스럽게 슬픔에 빠진 시리아의 이 가정을 어떻게 잊겠는가.

"한 가장이 아내와 열두 살 난 아들을 설득해서 폭격에 비교적 덜 노출된 지역으로 이사하기로 했습니다. 이제 막 새 아파트에 아내와 아들을 데려다 놓고, 남은 짐을 가지러 나간 사이 폭탄이 이들을 덮쳤습니다. 부인과 아이는 그 자리에서 숨져 잔해 속에 파묻혔습니다. 이 불쌍한 남자는 슬픔으로 휩싸였어요."

폭발 직후에 참혹한 현장에 도착한 샤디는 그날의 일을 모두 영상에 담았다. 샤디는 종이로 만든 성처럼 무너져 내린 건물을 촬영했다. 눈물로 얼룩진 남편의 얼굴도 담았다. 두 개의 긴 분홍색 가방을 든 민방위 자원봉사자들의 모습도 촬영했다. 그 가방은 두 사망자의 유해였다.

"이 남자는 폭격으로부터 자기 가족을 보호하려고 한 것이었습니다. 그런데 정반대의 일이 일어난 것이었죠. 우리 목숨이 이토록 보잘것없어요." 샤디가 말했다.

수많은 친구를 잃었던, 가장 친한 친구들의 장례식에서조차 죽음이 끈질기게 따라다닌 샤디는 그 남편의 마음을 너무나 잘 알았다. 샤디의 기억 속에 흑백사진처럼 각인된 장면은 역시 폭탄으로 쓰러졌던 친구 중 한 명의 피로 물든 장례식에 대한 기억이었다.

"그때가 2015년 8월이었어요. 이번만은 저도 촬영하지 않았습니다. 우리는 사랑하는 친구를 땅에 묻고 있었습니다. 장례 기도문을 읊고 있었는데, 그때 갑자기 하늘에서 요란한 소리가 울렸어요. 순식간에 발밑의 땅이 무너져 내렸습니다. 두 차례의 폭발이 있었어요. 제 귀에 더는 아무것도 들리지 않고 먹먹했어요. 눈에는 먼지가 들어가고, 머리 위로는 불꽃이 튀었죠. 몇 분 뒤 시야를 되찾았을 때, 두 친구의 몸이 꼼짝하지 않는 것을 보았습니다. 그 자리에서 목숨을 잃은 것입니다. 폭탄은 어디든 따라다녔습니다. 항상 불시에 습격했죠. 단 한 순간도 쉴 수 없게 합니다." 샤디의 목이 메어왔다.

아사드 정권에 반대하는 수많은 젊은 병사와 마찬가지로 샤디는 현장에서 비디오를 배웠다. 농부의 아들인 샤디는 농산물 가공업에 종사하고자 대학 입시 공부를 중단했는데, 감히 교사에게 도전하는 것은 엄두도 내지 못하는 조심스러운 아이였다. 그러던 그가 2011년 아랍의 봄이 시작되면서 갑자기 눈이 열렸다.

"혁명 전에, 저는 별다른 의문 없이, 제 나름의 시각으로 편하게 세상을 바라보았습니다."라고 샤디가 말했다. 이집트 혁명의 장면이 그를 바꾸어놓았다. "시위자들의 압박으로 무바라크가 무너지는 것을 보면서 생각했어요. 우리도 해낼 수 있어. 저는 늘 우리나라의 역사는 미리 정해져 있어서 무엇으로도 바꿀 수 없다고 생각했었습니다. 그렇게 우리 권리를 우리 손으로 적어서 요구하고자 거리로 나섰습니다. 우리 자신의 언어로 말이죠." 샤디가 계속 이어갔다.

반란이 전쟁으로 치닫게 되면서, 샤디는 다라야 지역 의회의 미디어센터를 찾았다. 그리고 수많은 시민 기자 중의 한 명이 되었다. 해외 기자들에게는 접근이 금지된 정보를 전하는 중개자로, 없어서는 안 될 이들이었다. 더 나은 장면을 담고자 샤디는 제대로 된 카메라가 아니라, 스마트폰 카메라를 들었다. 그 뒤 2014년 12월, 한 친구가 다마스쿠스에서 그에게 연락하여 재정 지원을 제안했을 때, 샤디는 주저하지 않고 대답했다.

"내가 필요한 것은 오로지 캐논 D70이야."

하지만 배달은 매우 위험한 일이었다. 포위된 외곽 지역에 가려면 정부의 검문소를 통과하고, 다라야로 가는 마지막 남은 통행로로 들어가기 전에 모아다미야를 지나야 한다. 두 도시를 갈라놓는 2킬로미터에 달하는 이 농업지대는 정부군이 주목하는 사정거리에 속해 있어서, 언제든 발포가 일어나는 곳이었다. 늘 그렇듯 전쟁이 일어나는 곳에서 여성은 보이지 않는 것처럼 여겨져서, 시리아의 한 여성이 눈에 띄지 않게 효과적으로 '전달자'의 역할을 담당했다. 그 여성은 베일 아래 카메라를 숨긴 채 밤중에 다른 사람들이 쓰러졌던 죽음의 도로를 건넜다. 나는 포도밭과 올리브 나무 사이로 슬그머니 빠져나가, 나무 아래를 살금살금 걸어가는 호리호리한 실루엣을 머릿속으로 간신히 그려보았다. 샤디는 그 여성과 눈길이 스칠 시간조차 없었지만, 그에게 많은 신세를 졌다는 것을 알고 있었다.

"제 카메라는 저의 가장 훌륭한 짝이 되었어요. 절대 제 손에서 떠나지 않죠." 샤디가 말했다.

그 뒤로 샤디는 자신의 소중한 카메라를 몸에서 떼놓지 않았다. 그리고 그 카메라로 상세한 내용을 빠짐없이 기록했다. 쏟아지는 미사일 폭격의 폭풍. 일제사격으로 구멍투성이가 된 건물의 벽면. 휘어진 철근. 그네의 녹슨 뼈대. 전쟁이 할퀸 상처. 차가운 시체.

샤디가 나에게 전송해준 이 모든 장면과 함께하는 동안 나는 비디오게임을 하는 것 같은 기분이었다. 거리로 달려나가 버려진 집안으로 잠입하고 폭음에 소스라치게 놀랐다. 그 모든 것이 엄연한 실제라는 사실만 뺀다면 말이다. 내 컴퓨터 화면 너머에서 전쟁은 생방송으로 일어나고 있었다.

긴급 상황에서 촬영된 화면은 자주 불규칙하게 흔들렸다. 매우 짧은 증거 영상들, 이 하루살이와 같은 인생의 숨은 이야기를 누설하는 스냅사진들. 폭탄이 비처럼 퍼부으면 카메라는 흔들리며 주변을 배회하다가 다시 침착함을 되찾았다. 줌인, 줌아웃. 샤디는 리포터가 아닌 증인이었다. 크게 눈을 부릅뜬.

흔하지 않은 휴지 기간에, 시간은 길게 늘어졌다. 마침내 다시 문을 연 도서관에서 다라야의 투사들은 영상을 찍고 인터뷰했다. 비록 소리는 때때로 들리지 않았지만 말이다. 비디오에서 이들 중 한 명이 소형 마이크를 차고 있지만 전원을 켜지 않았다. 다른 비디오에서는 둔탁한 잡음이 말소리를 막았다. 영상의 품질은 중요하지 않았다. 샤디와 친구들에게 중요한 것은 정권의 카메라가 은폐하려는 진실을 사진과 영상으로 소리 높여 외치는 것이었다.

현장을 있는 그대로 담은 이 사진들에서 유대감이 느껴졌다. 이 젊은이들은 함께 저항하고, 함께 성숙해가며, 미디어센터에서 가까운 작은 아파트를 나누어 함께 살았다. 이따금 한 장면이 전환할 때 예상치 못한 시(詩)와 같은 순간도 있었다. 피곤에 지쳐서 낡은 장의자에 다리를 뻗고 누운 이 투사처럼. 그는 얼굴을 빛으로 물들인 채 달콤하고 깊은 잠에 빠져 있다. 닥쳐올 폭풍우를 앞둔 병사의 망중한.

사진들을 모은 덕분에 도서관의 평면도를 훨씬 더 구체적으로 알 수 있었다. 지하로 이어지는 흰색 계단, 입구에 놓인 신발들, 중앙 기둥과 에이포(A4) 용지 크기만 한 보관함들. 오른쪽에 있는 책을 읽을 수 있는 공간. 왼쪽에 마련된 토론하거나 사람들을 만날 수 있는 공간. 이곳은 샤디의 사진들을 훑어보면서 새로 발견한 공간이다. 비디오에서 나는 오마르의 얼굴을 알아보았다. 이븐 할둔은 포도 덩굴을 올린 정자에서 정치학 강의를 하려고 티셔츠를 입고 있었다. 오마르의 주변으로 스무 명 남짓의 젊은이가 플라스틱 의자에 둘러앉아 있었다. 한쪽 귀로는 경계 태세를 취하면서도 한편으로는 장차 교수가 될 사람의 강의에 귀를 기울이며 공책에 무언가를 적기도 했다.

"우리 마을의 지식인은 대부분 감옥에 있거나 죽거나 추방되었어요." 샤디가 분명하게 말했다. "마을의 문화 수준을 유지하려면 이를 계승할 방법을 찾아야만 했어요. 그래서 우리는 차례로 교대하며 저마다 알고 있는 지식을 책 읽을 여유가 없는 사람들과 공유하기 시작했어요. 오마르는 순식간에 가장 인기 있는 선생님 중의 한 명이 되었죠.

오마르는 전선에서 빠져나오면, 일주일에 두 번씩 자기의 학생들을 만났어요."

샤디는 또 다른 비디오를 나에게 보여주었다. 그것은 영어 강의 장면으로 강사는 바로…… 우스타즈였다! 내가 드디어 다라야에서 크게 사랑받는 이 교수의 이름과 얼굴을 연결할 수 있게 된 것이다. 둥그런 얼굴, 잘 다듬은 수염, 줄무늬 폴로셔츠. 무함마드는 내가 상상했던 이미지와 아주 크게 다르지 않았다. 손에 펜을 들고 화이트보드 위에 짧은 라틴어 문장들을 써나갔다. 학생들은 첫 번째 줄을 해독해내고, "이것은 도서관입니다." 하고 따라 읽었다. 이제 연습할 시간이 다가왔다. 서너 명씩 무리를 지은 학생들이 동심원을 그리며 둥글게 모여 서로에게 "처음 뵙겠습니다.", "당신의 이름은 무엇입니까?" 같은 질문을 던졌다. 대화는 까르르 터지는 웃음으로 이어지기 일쑤이고, 그들의 언어는 결국 제자리로 돌아가서 논의에 아랍어가 뒤섞이기도 했다.

"솔직히 사람들은 하나의 언어를 제대로 말하는 법을 배우기보다 다만 그곳에 있다는 사실 자체에 더 관심이 있었어요."라고 샤디가 인정했다. "전쟁이 아닌 주제로 이야기를 나눌 수 있다는 것이 얼마나 즐거운 일인지 몰라요. 연필을 쥐는 것. 수첩에 무언가를 끄적거리는 것. 평상심을 누리는 것. 이제 우리에게는 너무나 그리운 것이 되어버린 평범한 일상 말이에요."

샤디는 가끔은 그 장소가 춤추는 무대가 되기도 한다고 말을 이었다.

"우리는 탁자와 의자를 한쪽으로 밀고 융단을 깔아요. 그러고 나서 춤추고 노래하기 시작하죠."

나는 샤디가 보내온 새로운 영상을 열었다. 책의 은신처 왼쪽으로, 한 무리의 사람이 촘촘하게 모여 있었다. 10여 명의 청년과 소년이 손에 손을 잡고 오른쪽에서 왼쪽, 왼쪽에서 오른쪽으로 머리를 흔들며 어깨를 들썩였다. 임시로 꾸민 작은 무대에 선 두 명의 가수가 마이크에 대고 익숙한 노래를 부르기 시작했다. 군중이 마치 한 몸처럼 즐거운 가락을 콧노래로 따라 부르기 시작했다. "천국! 천국!" 나는 이 후렴구를 안다. 그것은 이들이 저 지하 한구석에서 되살려낸 혁명의 노래 후렴구였다. "천국! 천국!" 이들이 합창을 반복했다. 머릿속을 맴돌며 괴롭히는 희망의 부르짖음. 암흑의 도시에서 살아남은 자유를 위로하는 노래.

샤디의 또 다른 놀라운 점은 그의 상상력이다. 책을 잘

읽지 않고 소설류에도 관심이 없지만, 어떤 사건을 다른 곳에 투영하는 데 놀라운 능력을 보여주었다. "다라야의 폭격 장면을 보는 다마스쿠스를 자주 상상해보곤 해요."

한편 사나야(Sahnaya) 근교에 사는 몇몇 친구의 부모들은 폭탄이 떨어지는 것을 볼 때마다 미칠 듯이 불안한 상태에 빠지게 된다고 어느 날 멀리 떨어져 있는 나에게 에둘러 털어놓았다.

다라야의 벌판을 슬픔에 잠기게 한 폭력이 다마스쿠스의 중심지에 있는, 유엔이 입주한 고급 호텔에서 불과 직선거리로 수 킬로미터 떨어진 위치에서 벌어지고 있었다. 또한 그곳은 공군 부대의 첩보 업무를 수행하는 본부이자 음산한 감옥이 있는 메제의 군사기지가 들어선 언덕에서도 몇 킬로미터 떨어져 있지 않으며, 포탄이 발사되는 곳이다.

샤디는 아사드 군대의 사정거리에 있는지 알려고 머리 위를 올려다볼 필요가 없었다. 이들에게 맞서는 한 끊임없이 위험에 처해 있음을 알기 때문이다. 농부의 아들로 태어난 샤디는 리얼리즘을 추구하는 비디오 예술가이자 자유를 위해 싸우는 투사다. 하지만 그들에게 샤디는 그저 어렴풋한 그림자이며, 제거해야 할 '과격주의자'이자 사정거리에 있는 위험한 적일 뿐이다. 총탄, 미사일, 폭탄은 눈 깜짝할 순간에 샤디를 넘어뜨릴 수 있다. 샤디는 죽은 목숨이나 다름없었다.

"사람들은 죽음이 바로 길모퉁이에 와 있다고 생각하며 사는 법을 배웠어요. 한밤중에 죽음이 내 집 문을 두드릴 수 있다고 생각하면서 사는 거죠. 사원에서 기도하던 중에라도 닥칠 수 있고요. 죽음은 우리 곁에 있어요. 두렵지 않다고 한다면, 그건 거짓말일 거예요."

약간 더 동쪽의 언덕에 자리 잡은 대통령궁이 그리 멀지 않았다. 다라야 주민은 맨눈으로도 그것을 알아볼 수 있을 정도였다.

"아사드는 어떤 사람이라고 생각해요? 아사드의 처지에서 생각해본 적이 있나요?" 내가 샤디에게 물었다.

"아사드라……." 샤디가 되받았다. "아사드가 눈가리개를 쓰고 있다는 것은 불행한 일입니다. 아사드는 우리를 만나거나 우리를 있는 그대로 받아들이려 하지 않죠. 마치 두 개의 서로 다른 행성에 사는 것 같아요."

한때 안과학을 공부했던 아사드가 지금은 실명한 것과 같은 상태. 아사드는 모순으로 가득한 농담을 즐기는 대단한 사진 애호가라고 한다. 샤디와 동료들이 아사드 일당

이 벌이는 살육의 현장을 영상으로 담는 동안, 다마스쿠스는 자신의 '팬들'과 셀카를 찍어 인스타그램에 올리거나, 전장 근처에서 사진을 찍을 자세를 취하거나, 주문 제작한 정장을 입고 부인과 아이들을 거느린 채 나타난다. 시리아 수도의 어느 산꼭대기에 있는 수 제곱킬로미터에 달하는 벙커로 몸을 피한 아사드는 음모를 부르짖으며 온건한 반대파의 의견을 받아들이지 않았다.

샤디는 '근시안 증후군'이라고 낮은 소리로 말했다. 암실에서 질산은 사진을 현상할 때처럼 현실을 왜곡한 징후라고도 했다. 추가하고 싶은 대로 빛과 그림자로 효과를 주어 현실을 쉽게 변하게 하고 바꾸고 고쳐버린 것이다. 국가원수의 맹목성은 아사드의 담화에서도 드러났다. "내가 아니면 대혼란이 온다." 아사드는 이 말을 끊임없이 되풀이하며, 민주주의 투사들의 외침에는 귀를 닫았다.

농담하는 도시

샤디와 친구들에게 공상은 언어를 거쳐야만 했다. 그들은 풍부한 아랍어, 즉 자기 뿌리에서부터 출발하여 이 언어를 쓰고 새로운 의미를 부여했다. 바샤르 알 아사드가 위협하며 휘두른 '대혼란(fawda)'이라는 고전적 표현 대신에 이들은 더 친숙한 다른 표현인 혼돈(karkabeh, 카르카베)을 반어적으로 내세웠다. 그들 자신의 표현이었다. 그것은 폭탄 아래에서 일상이 되어버린, 끝없는 '혼돈'을 뜻했다. 이들은 2015년 초에 같은 제목의 격월간 잡지도 발행했다.

복사본의 형태로 약 500부를 간행한 〈카르카베(Karkabeh)〉는 무엇보다 식량난에서 살아남기 위한 안내서였다. 플라스틱을 태워 가정용 중유를 만드는 방법은? 장작불을 붙일 때 낡은 창틀을 재활용하는 방법은? 빗물을 마실 수 있는 물로 바꾸는 방법은? 발코니에 토마토를 기르는 방법은? 이 모든 것을 아주 분명하게 설명한 내용이 이 잡지에 실렸다. 가끔은 전장과 주민에 배포되기 전에 사진이나 삽화도 곁들였다.

이 '혼돈'이라는 이름의 잡지는 두꺼운 문학책이나 철학책을 탐독할 여유나 인내심이 없는 이들을 위해 정치 · 스포츠 · 영화 등에 관한 짧은 뉴스 기사도 실었다. "이런 기분 전환은 생각을 정리하는 데 도움을 얻으려는 노력이에요."라고 샤디가 설명했다. 아흐마드와 다라야의 다른 운동가들은 사회적 관계를 유지하고자, 그리고 절망감으로 과격화하는 것을 막으려고 이 엉터리 잡지를 만들었다.

나는 인터넷에 게재된 그 잡지를 몇 장 훑어보았다. 이들이 독자에게 선사한 '대혼란'은 주제별로 잘 정리되어 짜임새가 완벽했다. 한때 저항자였던 이라크 출신의 아흐메드 마타르(Ahmed Matar)가 쓴 시에는 14세기 모로코의 탐험가였던 이븐 바투타(Ibn Battuta)의 글, 노벨상의 창시자인 알프레드 노벨(Alfred Nobel)에 대한 이야기, 지역의 역사적 변화에 따라 달라진 시리아의 국기들, 다라야에서 벌어진 일의 희생자들, 터키로 추방된 망명자들을 위한 헌사가 덧

붙어져 있었다. 있는 그대로의 역사, 중립적인 표현. 가치 판단도, 편향적인 색채도 없었다. 친정부 성향의 언론에서 애용하는 위협과 공포의 어휘들은 이들이 만든 '대혼란'에 는 없었다. 이것은 또한 여러 언어로 소셜 미디어상에 떠 도는 이슬람국가의 선전용 잡지와도 거리가 멀었다. 살육 의 현장이나 유혈이 낭자한 연출도 없었다. 〈카르카베〉에 실린 기사의 글은 단순하고, 그것이 자조 섞인 글이라 할 지라도 그 어떤 형태의 도발도 배제되었다.

십자말풀이에 할애한 면은 죽도록…… 재미있었다. 독 자가 포위·폭탄·병사·희생자 등 오직 전쟁에 관한 어휘만 으로 채우게 하고 남은, 아무것도 없는 빈칸에 풋내기 기 자들은 '편집후기'를 삽입했다. "이 잡지는 십자말풀이로 말미암은 심신의 불안과 심장 발작에 아무런 책임이 없습 니다."

폐허가 된 도시에서 이들은 부조리한 새로운 언어를 만 들어냈다. 사실적인 언어, 그들이 쓴 것은 희비극이다. 여 기서 가장 중요한 것은 경험이다. 생존을 위해 투쟁하며 자기 이야기를 하는 도시. 자기 자신으로 농담을 할 수 있 는 곳. 일상이 된 두려움과 염려를 다스리고자 그것을 웃 어넘기며 농담하는 도시.

다음 쪽은 주간 별자리로 이어졌다. 전통적인 별자리 기호는 로켓, 부엌, 중유 등 더 친숙한 상징으로 대체되었다. 이 사이비 별자리의 조언에 따라 이들은 다라야의 '혼돈'에 자연스럽게 적응했다. "당신의 친구들이 차를 마시자고 초대한다면, 가기 전에 밥을 먹고 가는 것이 좋습니다. 그렇지 않으면 아주 배고픈 시간이 될 것입니다.", "고약한 하루가 예상됩니다. 모든 길이 막혀 있습니다.", "자신을 지키려고 지하도를 파는 것을 그만두지 마세요. 하지만 행운이 당신에게 미소 지을 수도 있어요. 보물을 발굴하게 될지도 모르죠." 등등.

나는 그보다 조금 아래에 있는 편집에 대한 이 두 번째 '경고문'을 읽다가 미소를 지었다. "이 별자리는 순수하게 우리 상상력의 산물입니다. 사실과 닮은 점이 있다면 그것은 단순히 우연일 뿐입니다."

지하의 아고라

2016년 2월.

더 많은 폭탄이 쏟아지면서 생활은 주로 지하에서 이루어졌다. 지하 세계, 전선에서 돌을 던지면 닿을 거리에서 펼쳐지는 이중의 평행선. 도서관, 학교, 지역 의회, 미디어 센터, 방공호, 터널……. 병원도 지하에 진료실을 마련했다.

"요즘 공중 폭격 때문에 우리 마을은 이제는 수평이 아니라 수직으로 보아야 합니다." 오랜만에 온라인 창에 다시 등장한 아흐마드가 털어놓았다. 아흐마드의 말에 따르면, 다라야는 이제 '수많은 집'으로 돋보이던 편평한 지대가 아니라고 했다. 위에서 아래까지, 세 단계로 이해해야 했다. 별을 몰아내고 헬리콥터가 차지한 하늘, 폭탄으로 황폐해진 땅 그리고 혼돈의 그늘에 숨은 지하. 지하실이 없는 주민은 자기 건물의 구조물 아래에 급히 은둔처를 마련하고, 집들의 벽 사이에 통로를 정비했다. 구덩이를 파는 것이 반아사드파의 숙명이었다. 영원한 형벌처럼 자연스럽게 강요된 일이었다.

나는 아흐마드 그리고 샤디와 함께 매일 조금씩 유령도시의 흩어진 이미지를 접하며 미로 같은 지하 세계에 들어갔다. 인터넷이라는 돌파구를 통해, 익숙해져 버린 잘 짜인 혼돈에서 그 이미지들은 마침내 나에게 다다랐다. 포위에서 빠져나온 이 작은 시각적 파편들, 이것은 우리가 같이 모은 끝도 없는 인생의 조각들이었다. 우리는 함께 비극을, 광기를, 희망을 다시 엮어나갔다.

비디오마다 새로운 발견이었다. 다마스쿠스에 금지령이 내려졌는데도, 다라야로 접근하는 비밀 암호를 손에 쥔 듯한 이상한 느낌은 그 심연을 탐험하려는 것이었다. 나는 몇 번째인지 모를 정도로 여러 차례 촬영된 영상을 보던 도중에 책이 있는 지하실이 투사와 병사가 구별 없이 참여할 수 있는 토론의 장으로 변모했다는 사실을 발견했다. 그날의 토론은 혁명의 종합 평가로 이어졌다. 시위 참가자들은 준비되어 있었을까? 더 잘 조직되어야 했었는가? 이들은 폭력을, 수십만의 사상자·실향민·망명자가 되는 것을 피할 수 있었을까?

전쟁이 그토록 잔혹했지만 아무도 2011년 봄 무렵에 나타난 변화를 향한 갈망에 그 어떤 회한도 표현하지 않았다. 토론 도중에 나온 '권리', '자유', '의식의 계몽' 등의 단어가 반향을 일으켰다. 한 젊은이가 일어나 말했다. "혁명은 우리를 바른길로 향하도록 해주었습니다." 또 다른 젊은이도 이어받았다. 그는 비록 '지치긴' 하지만 '후회는 없다'고 했다. '민주주의'는 여전히 목표이자 진행 중인 이상향이라고도 했다.

세 번째 사람은 자기비판에 집중했다. "저는 사람들이 종교적 수준만큼이나 지성적 수준에서도 이 저항에 대해 더 잘 준비되었기를 바랐습니다. 무장투쟁을 한 이들에게나 평화적 혁명을 추구한 이들에게나 시간은 부족했습니다. 그리고 저는 다라야에 관해서만 말하는 것이 아닙니다. 준비가 부족했기에 우리는 외부적으로뿐만 아니라 내부적으로도 지속적인 압박에 놓여 있습니다." 그는 정권의 폭력성을 빗댐과 동시에, 자기 나라가 대리전의 무대가 된 것도 암시했다. 즉, 카타르나 터키와 같은 이 전쟁의 또 다른 관계국들은 차치하고라도 이란이 사우디아라비아에,

미국은 러시아에 맞선 대리전 양상이 된 것이다.

나는 그를 찬찬히 살펴보았다. 그는 카키색 점퍼에 다용도 주머니가 달린 바지, 즉 자유시리아군의 전투복을 입고 있었다. 반아사드파인 이 병사는 책과 함께한 덕분에 자기 자신을 돌아보는 데 필요한 거리 두기를 할 수 있었을까? 도서관이라는 특별한 환경이 아니라면, 그것도 교류와 토론에 호의적인 곳이 아니라면 그럴 수 있었을까? 그것도 다마스쿠스가 흑백논리로만 바라보고자 했던 분위기에 물든 토론에서 말이다. 그리고 아사드의 병사들은 메제 공군 기지에서 무엇을 생각하겠는가? 그들이 다채롭게 사고할 줄 알겠는가? 한편 그들에게 강제로 부과된 것 말고 다른 책을 읽을 시간과 권리가 있을까? 그들의 때가 와서 기회가 생긴다면 그들은 변화를 갈망할 수 있을까?

컴퓨터 앞에 홀로 앉아 이 영상을 다시 보면서, 나는 '오스카르 폴라크(Oskar Pollak)에게 보낸 편지'에서 카프카가 썼던 문장을 떠올렸다. "책은 우리 안의 얼어붙은 바닷물을 깨뜨리는 도끼가 되어야 한다."

이후로 계속되는 폭격의 굉음으로 도서관에서 책을 읽으며 보내는 시간이 줄어들었다는 사실을 알 수 있었다. 하늘이 쉴 새 없이 맹위를 떨치는 아침마다 도서관은 문을 닫았다. 때로는 동네 아이와 청소년들이 도서관으로 쳐들어왔다. 대부분 쥐덫만 놓인 초라한 집에서 나와 '바깥바람을 쐬러' 온 아이들이었다. 이들 중의 하나였던 암자드(Amjad)는 그것을 자신의 새로운 목표로 삼았다. 친구들은 암자드에게 '사서'라고 별명을 붙였다.

종이로 된 은신처가 잠시 소강상태를 거쳐 문을 다시 열자, 토론 또한 다시 시작되었다.

새로운 비디오가 도착했다. 발언자는 붉은 티셔츠를 입고 있었는데, 그는 참가자들을 작은 무리로 갈라서 그 무리들에 퍼즐 조각처럼 생긴 판지 조각을 나누어주었다. "다시 맞추는 데 45초 드리겠습니다." 주어진 시간이 끝나자 한 조만이 환호성을 질렀다. 교사는 미소를 지었다. "당연한 결과네요. 퍼즐을 맞추기 전에 표본을 본 유일한 조였거든요." 그는 이렇게 결론을 내렸다. "머릿속에 정확한 계획이 없다면, 여러분의 발상은 막연할 것입니다. 우선순위를 정한다면, 길을 잃을 위험이 덜한 것이죠." 그 방 안에 침묵이 흘렀다. 그가 덧붙였다. "맹목적으로 무리를 따르지 마십시오. 새로운 장소, 새로운 공간을 개척하세요." 출구도 없이 포위된 도시에서는 역설적인 말이었다.

"중요한 것은 사고입니다. 누구도 자기 목적에 이용하고자 당신을 마음대로 조작하도록 내버려 두어서는 안 됩니다." 단 한 번도 아사드나 다에시라는 이름을 언급하지 않았다. 하지만 모임에 참여한 사람들은 모두 그 속에 담긴 뜻을 알아차렸다. 획일적이며 거세된 사고를 거부하고, 위조된 진실의 함정에 빠지지 말라는 뜻이었다. 참가자들은 머리를 끄덕거리며 자신의 수첩에 열심히 메모를 휘갈겨썼다.

갑자기 불이 꺼졌다. 방의 한쪽 구석에 설치해둔 오버헤드 프로젝터가 작동하면서 흰색 벽면은 영화관 스크린으로 변했다. 이 다용도 도서관에서는 사람들이 영화도 볼 수 있었다! 그날 상영한 단편영화 제목은 〈2+2=5〉였다. 처벌이 두려워 학생들에게 잘못된 더하기를 반복하도록 강요하는 어느 교사의 이야기였다. 억지로 거짓을 만들어내는 것에 관한 이 우화는 조지 오웰의 대표작 『1984』에서 그려낸 '거짓 공식'을 떠올리게 했다. 이란 출신의 감독, 바바크 아미리(Babak Amiri)가 만든 이 영화는 인터넷으로 내려받은 것이었다. 이 영화에는 희망의 메시지가 담겨 있었다.

영화 속에는 수학 수업이 끝날 무렵, 구석에 웅크리고 있던 한 학생이 기존 질서에 도전했다. 강요된 그 숫자를 지우고 대신 자기 공책에 '4'를 적었다. 영화가 상영되던 열람실에 우레와 같은 박수 소리가 울려 퍼졌다. 나는 알아들을 수 없는 환호성에 흠뻑 빠져서 흰 벽면을 가득 채운 아랍어로 된 이 문장을 읽었다. "만일 세상이 무언가를 믿는다면, 그렇다고 해서 그것이 진실일까?"

다라야의 블랙홀 구석에 있는 이 젊은이들이 가진 가능성은 무궁무진하다. 폐허로 둘러싸인 이 성소에서 이들은 참고 문헌을 넓혀가고, 새로운 사상들을 탐구하고, 어두운 밤에 출구를 찾고자 밝힌 작은 촛불만큼 매일 조금씩 자신들의 문화적 지식을 더욱 풍부하게 다져갔다. 지하의 은밀한 생활, 위에서부터 강요된 침묵이 열정과 용기를 담은 고함으로 바뀌는 곳. 나는 그들을 바라보았다. 그들에게는 영화 속 마지막까지 저항한 그 어린 학생과 같은 열정이 있다. 아직도 유효한 일방적 결정에 도전하고, 대포 소리가 들린다고 포기하기를 거부하고, 어두운 전쟁의 실상을 앞으로 나아가려면 통과해야 할 시금석으로 바꾸었다. 영화 감상이나 강의 시간에 이들은 조국의 새로운 역사 한 장을 써나가기 위해 노력했다.

그 길이 험난하다는 것은 그들도 안다. 그 길은 망명 중인 저항자들에 대한 토론이나 제네바의 호화로운 호텔과

부패 스캔들하고는 거리가 멀다. 이들은 앞으로의 국기 색깔, 사회에서 이슬람의 위치, 장차 시리아에서 쿠르드족의 역할 등에 대해 성급하게 결론을 내리는 대신 소박하게 한 걸음씩 진보하며 사고의 팔레트를 더욱 풍부하게 만들어 나가기를 좋아한다.

아랍의 봄 초기 이슬람 국가 발전의 모범 사례로 여겨졌던 터키를 바라보는 시선도 마찬가지다. 다라야의 젊은이들은 어느 순간이 되면 '이슬람, 민주주의, 발전' 모두를 집대성할 수 있다고 믿고 싶어 했다. 하지만 그럼에도 비판적 시각을 유지했다. "터키의 경험을 다른 나라에 적용할 수 있을까요?" 잇따른 비디오에서 다라야의 투사가 자문했다. 그에게 분명하게 대답해준 것은 이븐 할둔을 앞세운 오마르였다. "네, 하지만 터키의 총리 에르도안(Erdogan)의 실수에서 교훈을 얻는 조건에서만 그렇습니다." 또 한 번, 질문이 이어졌다. 저항에 뒤따르는 결과는 무엇입니까? 변화를 실현하려면 어떻게 해야 합니까? 어떤 정권을 세워야 합니까? 이슬람의 정치가 민주주의에 녹아들 수 있을까요?

배움을 향한 이들의 갈증은 끝이 없었다. 어느 2월의 아침, 아흐마드는 나에게 또 다른 지하의 아고라가 있다는 것을 알려주었다. 이곳은 2015년 말 도서관에서 얼마 떨어지지 않은 곳에 처음으로 세웠다. 극비로 운영하는 이곳은 스카이프를 통해 원격 화상 회의를 개최하는 제2의 토론 장소가 되었다. 이 회의에 참석한 사람들에게는 거대한 스크린을 마주하고 앉아 눈앞에 나타난 교수나 추방된 저항자들에게 무엇이든 하고 싶은 질문은 모두 할 수 있는 특권이 있었다. 더 개방적이고 관용적인 정책의 기준을 세울 기회였다.

"지난주에 우리는 비종교적 저항파인 부르한 갈리운(Burhan Ghalioun), 기독교 출신의 반대파 조르주 사브라(George Sabra) 등을 초청했어요."라고 아흐마드가 밝혔다. "우리는 과거 지하디스트의 아들인 팔레스타인 출신 후타이파 아잠(Huthaifa Azzam)에게도 발언 기회를 주었습니다. 그는 자기 아버지가 주장했던 폭력과 단절한 사람입니다. 그의 말을 듣는 것은 우리 청년들이 급진적 사상에 관심을 기울이는 것을 견제하려는 방편이었습니다."

안전상의 이유로 비밀리에 진행된 이런 강연을 담은 영상은 어떤 것도 외부에 노출되지 않았다. 정권의 관심을 끌지 않으려고 그리고 무엇보다 폭탄을 퍼붓는 헬리콥터의 사정권에 들지 않고자, 주최 측은 토론회 날짜를 알릴

때 전통 방식을 취하여 입에서 입으로 전달했다.

"이것은 사람들이 늘 꿈꾸던 하나의 대학이에요. 미리 정해진 가이드라인 없이 검열도 받지 않고, 사방으로 열려 있는 배움의 장소입니다." 아흐마드가 설명했다.

또한 이 은밀한 대학은 위반의 장소였다. 배움을 통한 위반. 다라야의 이 비판가들은 새로운 칸막이벽에 달린 칠판에 건설 중인 미래를 노래하는 가사를 적을 수 있었다. 가냘픈 선율, 어둠의 골짜기를 거쳐 죽음의 고비에서 헤매는 한 도시의 멜로디.

'자아'라는 새로운 종교

모든 문이 다시 막혔을 때, 아주 작은 틈새가 놀라울 정도로 커다란 구원이 되기도 한다. 2016년 2월이 시작되자 아흐마드는 나에게 다라야의 독서에 대한 모든 기록을 깨뜨리는 색다른 작업에 참여하게 했다.

"『7가지 습관』이라는 책 아세요?"

우리의 대화가 이뤄지는 컴퓨터 화면 너머에서 그가 어느 날 내게 물었다.

"뭐라고요?" 내가 놀라 대답했다.

"미국 작가 스티븐 코비(Stephen Covey)가 쓴 『성공하는 사람들의 7가지 습관(The Seven Habits of Highly Effective People)』 말이에요!"

아흐마드는 당연한 일인 듯 말했다. 그의 나라는 전쟁 중이다. 그의 도시는 깊은 혼란과 위기에 처해 있다. 다라야는 소란과 폭발, 화염에 휩싸여 있다. 그리고 그 '카르카베(혼돈)'의 한복판에서 아흐마드가 나에게 자기계발서에 대해 이야기하고 있었다. 집단보다 개인을 우선시하는 것이 유행이던 당시 서구 사회에서 인기를 얻은 이 책을 말이다. 나는 요약본만 읽어봤는데, 세계적 베스트셀러인 이 책은 개인의 성공 가능성과 효율성을 높이는 길로 나아가려면 자아의 형성이 필수적이라고 이야기한다. 파리·런던·뉴욕·두바이 등의 비즈니스계에서는 앞다투어 이를 활용했다. 게다가 이 책은 아랍어를 포함한 서른여덟 개 언어로 번역된 바 있다. 그렇다고 다라야의 책장에서 이 책을 발견하다니······.

"이 책은 우리에게 아주 소중한 것입니다. 어쩌면 나침반 같기도 해요."라고 아흐마드가 말했다.

이렇게 다라야에서 삶은 이어지고 있었다. 소위 '신에 미친 사람'으로 왜곡된 이들은, 다마스쿠스의 정권이 선동하는 고리타분한 사상이 아니라, 새로운 종교인 '자아'를 계발하고 있었다. 살육에 목마른 무법자나 정권이 선전하고자 하는 이슬람의 도구 같은 이미지와 모순되는 개인적인 과정이다. 그런데 어떻게 이런 작품이 즐겨 읽는 도서 목록에 들어갈 수 있었을까?

"제일 처음 우리에게 그 책을 알려준 사람은 우스타즈였어요."라고 아흐마드가 대답했다.

우스타즈는 다라야 시민 저항 세력의 노장이었다. 이 불굴의 스승에게는 정말 수많은 방책이 있었다.

"선생님은 그 책을 사이드나야의 감옥에 있을 때 처음으로 읽었대요. 새로운 발견이었죠! 이 혹독한 세상에서 약해지지 않으려고 선생님은 그 책을 처세술의 안내서로 삼았습니다. 그때부터 선생님은 그 책이 말하는 철학을 따르며, 우리도 그것을 깨닫게 되기를 바랐다고 합니다."

그 사상적 지도자는 감옥 생활을 경험하며 미국의 자기계발서에서 영감을 얻었고, 감금 상태가 이어지면서 음지의 젊은 저항자들 역시 이를 활용하게 되었다. 서구 사회에서 이 책은 이혼·결별·실업 등의 일시적 위기에 효과적인 해법을 원할 때 찾는 책이다. 흔히 알려진 고통에 하는 단순한 조언이다. 하지만 감옥과 같은 다라야에서 시리아의 독자들은 이 책에서 뻔한 해답이 아니라 비정상적인 환경 속에서도 생존할 수 있는 열쇠를 찾아냈다. 이 책은, 모든 것이 불안정한 시기에 안정감을 주는 동반자로서, 그들이 만나지 못했던 심리 상담가와 같았다. 전쟁의 폭력으로 일어난 불안감뿐 아니라 폐쇄된 공간에서 '함께 살아가는' 데서 오는 위기에도 도움이 되는 완충재였다. 다라야의 일상 속에 만연한 전쟁이 '철창에 갇힌' 삶에서 생기는 고통, 즉 언쟁과 질투 그리고 정치적 불협화음 등을 피하게 해주진 못했기 때문이다.

"이 책은 제 생각을 정리하는 데 도움을 주었습니다. 또한 단체 생활을 이해하는 데도 도움을 주었죠. 나와 다른 타인을 어떻게 받아들일지, 또 우리 사이에 건전한 경쟁적 기류를 어떻게 유지할 것인지 등에 말이죠."

아흐마드는 처음에는 우스타즈가 준 요약본에 만족했다. 이 책의 원서는 건물의 잔해 속에서 되살려낸 책 목록에는 포함되어 있지 않았다. 책 전체를 읽을 방법을 마련해준 것은 역시 인터넷이었다. 구글을 이리저리 검색한 끝에, PDF 파일이 그의 컴퓨터 화면에 나타났다. 그것을 내려받아 인쇄하는 일만 남았다. 하지만 세상으로부터 단절된 다라야에서 종이는 비싸다 못해 희귀한 물건이었다. 그래서 아흐마드는 종이 한 장에 책 네 장의 내용을 인쇄하는 아이디어를 냈다. 빼곡하게 들어찬 깨알 같은 글씨의 책은 혁명 전 외투 속에 숨겨 돌아가며 읽었던 은밀한 팸

플릿처럼 제본했다.

"책을 읽으려면 눈을 찌푸려야 하긴 하지만, 모든 사람이 이 책에 대해 토론합니다. 그것은 『성공하는 사람들의 7가지 습관』이 좋은 책이라는 것을 의미합니다. 요구에 부응하고자 2쇄를 만들어야 했어요. 덕분에 두 차례 강연 과정도 마련되었죠. 처음에는 도서관 내부에서 열렸고, 두 번째는 새로 만들어진 지하의 토론 장소에서 열렸습니다. 이 강연을 스카이프를 통해 소개한 사람은 아랍 세계 전문가인 야시르 알아이티(Yasser al-Aiti)였습니다. 이 책에 대한 강연은 정말 성공적이었어요!" 아흐마드가 인정했다.

귀퉁이가 접히고, 긁히고, 색이 바랜 이 책은 손에서 손으로 꾸준하게 전달되었다. 읽히고 또 읽히면서 하나의 상징처럼 여겨졌다. 특히 더 많은 사상자가 있었던 2016년 겨울, 이제 5년째로 접어드는 전쟁이 언젠가는 끝나게 되리라는 희망을 품게 해주는 요소가 이 책에는 들어 있었다. 책의 내용에 빠져들면서, 전쟁을 일시적 차원의 것으로 여기게 되는 것이다. 정상적인 상태를 회복하고, 잔혹한 폭격과 늘 마주하는 죽음에서 떨어지는 것이다. 이는 포위가 이토록 오래 지속될지 예상하지 못했던 병사들의 조바심을 극복하는 일이기도 했다. 또한 무엇보다도, 끊임없이 폭격이 이어지는 불안정한 상태가 문학이나 정치적 고찰에 관한 책 읽기를 포기하게 할 때, 더 실제적인 글 속으로 도피한 것이었다. 그것은 깊은 수렁의 끝에 놓인, 고통스러워하는 영혼을 쉬게 할 보이지 않는 소파와도 같았다.

단지 모두
살아 있다는 것!

2016년 2월 27일.

다라야는 뜻밖의 고요함 속에 잠을 깼다. 하늘에는 한 점의 화약 흔적도 없고 사격도, 사이렌이나 헬리콥터의 요란한 소리도 없었다. 걱정스러울 정도로 갑작스러운 고요가 포위된 이 고립 지역을 감쌌다. 몇 시간 뒤에 확인된 소문으로 정전이 거론되었다. 오랜 협상의 진통 끝에, 워싱턴과 모스크바가 시리아 영토 전체에 대해 친아사드와 반아사드 사이의 휴전을 결정한 것이었다. 폭탄은 조용해졌다. 전쟁은 괄호 안에 넣어졌다. 적어도 잠정적으로는 그랬다. 다라야에 이제 새로운 장이 펼쳐질 것인가?

정전과 함께, 다라야의 고립지에도 외관상으로는 다시

일상이 자리 잡았다. 폐허를 뚫고 자라는 무성한 잡초처럼, 살아남은 주민은 고통스러웠던 도시의 지하에서 마침내 빠져나왔다. 한 명, 두 명, 세 명, 천 명······. 찌푸린 눈, 생기 없는 피부, 피로로 몽롱해진 정신. 이들은 평범한 일상의 냄새를 맡고, 낯선 정적을 탐색하며, 이상한 점을 찾으려 했다. 수화기 너머로 아흐마드는 미소를 되찾았다. 활기찬 목소리로 벼락처럼 쏟아지던 폭격이 없는 일상을 자세하게 들려주었다.

몇 발의 대포 사격을 빼고, 도시는 안정을 되찾았다. 흥분한 아흐마드는 교차로에서 열렸던 소규모 집회와 거리의 모퉁이마다 넘치는 팻말, 자신을 일깨우는 명언과 다시 태어난 것처럼 새롭게 등장한 구호 등을 이야기해주었다. 아흐마드가 보낸 사진이 가득한 내 메일함에서, 어떤 젊은 이가 "나는 어둠을 밝히는 촛불이 되고 싶다."라고 쓰인 팻말을 흔드는 사진을 보았다. 그것은 팔레스타인 출신인 파예크 오웨이스(Fayeq Oweis)의 시를 아랍어로 정성 들여 쓴 것이었다. 또 다른 사진에서는 흰 베일을 쓴 젊은 여성이 손에 마분지로 된 팻말을 들고 흔들었다. 나는 거기에 쓰인 글자를 읽어 내려갔다. "나는 알누스라 전선도 다에시도 아니에요. 나는 다라야의 포위를 겪는 소녀일 뿐입니다." 팻말들은 즉흥시와 정치적 풍자문 사이에서 '자유'라는 단어를 되찾은 것을 축하했다. 처음에 그랬던 것처럼, 아흐마드는 혁명의 모습들을 낮은 소리로 들려주었다. 첫날에 느꼈던 것 같은 전율도 이야기했다.

머리 위의 하늘은 밝은 햇살 덕분에 희다시피 한 푸른빛이었다. 꽃이 피기를 기다리는 이른 봄 같았다. 보내온 사진들 속에는 저마다 되찾은 행복의 기운이 묻어났다. 아이들은 뼈대가 드러난 앙상한 그네에 올라탔다. 청소년들은 조용한 자리를 차지했다. 고양이가 지나가고, 새는 벗겨진 전선 위에서 편히 쉬었다. 아흐마드는 도서관에도 예전처럼 사람들이 찾아온다고 말했다. 책은 또다시 손에서 손으로 전해졌다. 오랫동안 임시 방학을 했던 마을의 세 학교가 다시 문을 열었다. 교실에서는 아이들이 다시 읽고 쓰기 시작하고, 남자아이들은 별일 아닌 것에 싸움하고, 여자아이들은 자질구레한 것들로 팔찌를 만들었다.

날씨는 여전히 춥지만 마음은 따뜻했다. 습관이 되어버린 소란에서 돌아온 온기였다. 웃음에서 느끼는 열기였다. 배움을, 지속과 진보를 향한 열망이었다. 단지 모두 살아 있다는 것! 나는 그것을 듣고 책상의 먼지 위 작은 손가락들, 조용히 하게 하려는 선생님, 터져 나오는 질문, 들쭉날쭉한 벽면에 울리는 메아리 소리를 상상했다. 2 더하기 2는 4이지 5가 아니다. 진정한 학교. 그 어떤 필터도, 그 어떤 거짓의 근시안도 없는 진실.

놀랍도록 '보이지 않는' 존재였던 여성들이 마침내 거리에 다시 나타났다. 암흑에서 빠져나온 그림자처럼, 여성들은 대피소 밖에서 새로운 위험을 무릅썼다. 그들은 인생의 지혜를 얻게 하는 사소한 수다를 떨며, 온갖 시련의 소란이 다시는 찾아오지 않기를 바랐다. 뜬눈으로 지새운 밤, 놀란 아이의 그치지 않는 울음, 다시 깨지 않으려고 잠을 청하던 강박증도 이제 끝났다. 폭격이 있던 시절에는 젖을 먹일 수 없었던 젊은 어머니의 가슴에 밤낮으로 다시 젖이 돌았다. 용감한 어머니들은 녹이 슨 낡은 유모차를 밀며, 젖먹이들을 자랑스럽게 보여주며 다녔다. 포위된 이후로 약 600여 명의 아기가 태어났다. 대부분 지하 대피소에서 태어난 아이들은 처음으로 자연의 빛을 맛보았다. 아이들은 울고 소리치며 재잘거렸다. 진실은 아이들의 입에서 나온다고 했다. 다라야에는 더는 민간인이 거주하지 않는다고 우기는 정부의 주장을 반박하는 데 제일 좋은 방법은 이 옹알이하는 아이들의 소리일 것이다.

지옥 같은 몇 달이 지나고, 다라야의 저항자들은 다시

고개를 들었다. 이들은 자신의 꿈을 떠올렸다. 새로운 계획을 세웠다. 인생에 대해, 결혼에 대해 그리고 직업에 대해서도. 늘 자세하게 이야기해주는 아흐마드는 사람들의 소식을 전해주는 데 열중했다. 강사였던 우스타즈는 뜻밖의 휴지 기간을 이용해서, 이제야 약혼이나 결혼을 감히 꿈꾸게 된 사람들을 위해 부부 관계에 관한 조언을 담은 새로운 세미나를 준비한다고 한다.

오마르는 도서관으로 다시 돌아왔다고 한다. 임시 휴관이 끝난 뒤 오마르는 도서관에서 전보다 더 많은 책을 읽으며 새로운 강연도 했다. 마음 깊숙한 곳에서부터 나오는 배움과 나눔을 향한 갈증이었다. 발산하고 싶은 욕구이기도 했다. 폐허가 된 벌판 한가운데에 축구장이 세워졌다. 대피소는 곧 폐쇄하고, 둑은 다시 평평하게 하고, 건물의 잔해는 치웠다. 열 명으로 된 여덟 개 조가 꾸려졌다. 각 조에는 병사, 행동주의자, 구경꾼이 모두 섞여 있었다. 임시로 마련한 계단식 좌석에 앉아 호기심 어린 눈으로 바라보는 사람들 앞에서, 티셔츠를 맞춰 입은 이들의 평화로운 행진이 이어졌다. 갑자기 모든 것을 할 수 있는 순간이 되었다. 이제 미래는 상상으로만 가능한 것이 아니었다. 현재를 사는 것에 다시 의미가 생기게 되었다. 이제 마을에서는 입는 옷마저 화사해졌다.

담벼락도 다시 찾아온 봄을 노래했다. 거리의 모퉁이마다 부서진 인도의 끝에, 때로는 들쭉날쭉한 건물의 구석에 시의 구절과 반짝이는 스텐실 그림, 언어의 방패들이 등장했다. 그래피티 예술가인 아부 말리크 알샤미(Abu Malik al-Shami)는 물감으로 천연색의 희망을 그리고자 마을을 돌아다녔다. 폭격의 여파로 무너진 어느 건물에 파란색과 노란색의 옷을 입은 네다섯 살 소녀의 크로키를 그렸다. 죽은 이들의 해골이 쌓인 언덕 위에 앉은 소녀는 오동통한 손으로 '희망(HOPE)'이라는 글자를 대문자로 썼다. 이 벽화는 낙관주의를 권고했다. 전쟁을 조롱하는 형태로 기성 질서를 비판하는 흔적을 남겼다.

아흐마드가 사진에 담은 또 다른 벽화가 내 관심을 끌었다. 그것은 창문이 부서진 어느 교실이었다. 형체만 겨우 남은 책상과 고철로 된 의자 들이 바닥에 나뒹굴었다. 아부 말리크 알샤미가 뒤쪽 칠판에 분필로 오른쪽에서 왼쪽으로 끄적거렸다. 나는 아랍어로 된 그 문장을 해독했다. "옛날에는 제발 학교가 무너졌으면 좋겠다고 농담했다. 그런데 정말 학교가 무너졌다." 이 자조는 또 다른 방패막이였다. 내 시선을 조금 더 왼쪽으로 움직이자 그림이 이어졌다. 그림에는 맨발에 누더기를 입고 배낭을 멘 한 소년이 핏빛의 검붉은 글씨로 '다라야'라고 적고 있었다. 나는 또 다른 행동파인 그래피티 예술가, 마이드 모하다마니(Madjd Mohadamani)를 떠올렸다. 그가 2016년 2월 19일에 군대의 탱크가 쏜 포탄에 맞아 사망했다고 아흐마드가 이야기해주었다. 나는 또 반사적으로 반아사드의 그래피티를 그렸다는 이유로 체포되어 2011년 봉기의 불씨가 되었던 다라의 청소년들이 떠올랐다.

그 그림은 이 모든 이에게 보내는 경의와 같았다.

또한 "우리는 깨어 있다."라고 외치고 싶은 바람이기도 했다.

이들의 멍든 내상에도 불구하고, 다라야는 기어코 인생을 예찬하고자 했다.

11시, 동화 구연 시간

2016년 3월 19일.

토요일, 나는 터키의 해변 마을 이즈미르(Izmir)를 취재하고 돌아왔다. 이곳을 향해 출발했던 시리아 난민이 탄 작은 배들이 바다에서 전복되었다. 수백 명의 사망자가 파도에 휩쓸려갔다. 끔찍하지만 눈에 잘 띄지 않는 전쟁의 또 다른 측면이었다. 네 살 난 내 딸이 이스탄불에서 두 팔을 벌리고 내 품을 기다리고 있었다. 나는 가슴이 아팠다. 그 또래의 수많은 아이가 바닷속에서 목숨을 잃었다는 것을 안다.

언제나처럼 사마라는 내 취재에 대해 모든 것을 알고 싶어 했다. 네 살배기의 인생은 늘 질문으로 가득하다. 내 스마트폰에서 헬로키티가 그려진 구명조끼 사진을 보여주었다. 그리스를 향해 위험한 밀항을 떠나기 전, 아이들을 위해 판매되었던 구명조끼였다. 물론 난파 사고나 죽음에 대해서는 말하지 않았다. 아이가 좋아하는 고양이 캐릭터를 보여주는 것으로 만족했다. 딸아이는 미소를 지었다. 그러고 나서 그날이 토요일 11시, 그러니까 프랑스문화원의 동화 구연 시간임을 일깨워주었다. 우리 둘만을 위한 너무나 소중한 시간.

우리는 서둘러 겉옷을 입고, 비가 온다는 일기예보에 부츠를 신고, 거리로 나섰다. 딸아이의 손을 잡고, 탁심 거리로 향하는 작은 길을 성큼성큼 걸었다. 사람들로 붐비는 광장을 가로지르며, 붉은색의 오래된 전차 옆에서 시미트 빵을 파는 상인들과 마주쳤다. 프랑스 관광객들은 셀카를 찍고 있었다. 한 이란 관광객은 길을 찾고 있었다. 검은 드레스를 입은 사우디아라비아의 여성들은 택시를 불러 세우고 있었다. 맞은편의 이스티클랄 거리 초입에서는 한 시리아 걸인이 동전 몇 닢과 바꾼 노랫가락을 흥얼거렸다. 그의 발치에서는 비둘기들이 빵 부스러기를 쪼고 있었다.

10시 57분이었다. 3분 후면 동화 구연 시간이 시작될 것이다. 이스티클랄 거리의 초입에 있는 문화원의 첫 번째 계단에 발을 디뎠다. 내 뒤에서 사마라가 귀여운 목소리로 종알거리는 것이 들렸다. "정말 좋은 날이야!" 나는 낮은 층계에서 보안 담당 직원에게 가방을 맡겼다. 직원은 가방을 열어볼 시간이 없었다. 분위기가 삼엄했다. 그때 갑자기, 날카로운 금속음이 울렸다. 폭발. 갑작스러운 일이었다. 나는 넋이 나간 채 돌아섰다. 보행자 거리는 공포로 일렁거렸다. 사람들이 탁심 방향으로 머리를 숙이고 뛰어갔다. 사람들은 얼이 빠진 듯했다. 폭발이 이렇게 가까이에서 일어나다니. 예상하지 못했던 일이었다. 10여 미터, 아니 그보다 더 가까운지도 모른다. 나는 꼼짝도 하지 않고, 사마라는 내게 몸을 바짝 기댔다. 문화원의 경비원은 우리를 안쪽으로 몰았다. 우리 뒤의 문이 잠겼다. 밖은 혼란의 소용돌이였다. 불안과 이해할 수 없는 상황으로 저마다 술렁였다. 길거리는 혼돈 그 자체였다.

사마라가 내 소매를 잡아끌었다. "뭐였어요?" 아이를 겨우 달랬다. 질문을 교묘히 피해갔다. 우리가 구할 수 있었던 생명을 생각했다. 멀리 떨어진 곳에 그래피티로 쓰인 '희망'이라는 말에 매달렸다. 불꽃놀이를 연상하게 해주었다. 그리고 11시, 동화 구연 시간이라는 사실을 아이에게 상기하게 했다. 사마라의 작은 손을 잡았다. 자료실로 이어지는 정원을 가로질러가서 계단을 내려갔다. 책이 있는 곳으로 이어지는 유리문을 밀어젖혔다. 그곳에서는 아무도 폭음을 들은 사람이 없었다. 책이 요새가 된 것이다. 종이로 된 벙커. 시간은 11시 5분이었고, 나는 동화 구연가인 쥘리의 귀에 '폭탄'이라는 말은 빼고 방금 밖에서 일어난 일을 귀띔했다. 쥘리는 눈꺼풀을 찌푸렸다. 그리고 이내 자세를 고쳤다. 손뼉을 치고는 이렇게 말했다. "자! 동화 구연 시간이 시작됩니다." 그의 침착은 본받을 만했다.

긴 의자에 줄지어 앉아 있던 아이들이 조용해졌다. 지금은 동화 구연 시간, 오늘은 냄새나는 개, 알프레드의 이야기였다. 지금은 동화 구연 시간, 밖에서는 구급차 사이렌이 요란했다. 그러나 지금은 동화 구연 시간, 알프레드는 뼈다귀를 좋아하는 먹성 좋은 개였다. 지금은 동화 구연 시간, 내 스마트폰에는 끔찍한 뉴스들로 가득했다. 공격 사실이 확인되었다. 자살 폭탄 테러였다. 사상자만 최소 네 명. 부상자는 수십 명이었다. 다에시의 소행으로 의심되었다. 동화 속 알프레드가 짖어댄다. 사이렌 소리도 요란하게 울린다. 쥘리는 이야기를 들려주었다. 헬리콥터 소리가 떠들썩했다. 쥘리는 책장을 넘겼다. 아이들의 웃음소리. 알프레드는 해님 얼굴로 변하는 신기한 강아지였다.

책으로 쌓은 성벽 너머로, 중심부가 타격을 받은 이스탄불이 피를 흘리고 있었다. 동화 속의 빛나는 별과 현실의 불꽃이 대비되는 순간.

11시 45분이 되자 동화 구연 시간이 끝났다. 이제 어떻게 하지? 다시 위로 올라가고 싶지 않았다. 최대한 이 평온한 휴식의 시간을 늘리고 싶은 욕심이, 다른 이야기를 또 들으며 그곳에 머물고 싶은 마음이 가득했다. 강아지, 고양이, 달팽이 아니면 벌레 이야기라도 들으면서 말이다. 책에 대한 강한 허기증. 닥치는 대로 무엇이든 읽고 싶은 마음. 밤이 저물 때까지 그렇게 하고 싶었다. 밖에 사이렌을 멈춰줄 누군가가 있을까? 경찰이 고함치는 소리를 멈춰줄 사람은? 편집장에게 이번에는 취재 기사가 있을 거라고 이야기해줄 사람은? 여기서 나가기에는 너무 이르다. 아이들이 현실을 대면하기에는, 아이들이 꿈을 꾸고 희망을 품을 수 있는 권리를 빼앗기기에는 너무 이른 때였다! 책은 위로를 건네는 선물과 같았다. 하지만 안전 요원에게는 또 다른 우선 업무가 있었다. 그는 도서관을 모두 비우라는 지시를 받았다고 했다. 그것도 가능한 한 빨리. "저를 따라오세요. 벽을 따라 걸으시고요. 한 줄로 서주세요. 정원 끝까지 걸어서 뒷문으로 나가주세요. 자, 어서요. 좋아요!"

이제 12시. 겁에 질린 갈매기들을 제외하고는 탁심 광장은 황량했다. 광장을 가로지르는 일이 그토록 길게 느껴진 적이 없었다. 품에 안긴 사마라가 슬그머니 말을 꺼냈다. "그런 폭탄 소리를 들은 건 처음 같아요." 어떻게 대답할까? 나는 아무 말도 하지 못했다. 무슨 답을 하더라도 헬리콥터의 윙윙거리는 소리에 묻혔을 것이다. 이번에는 아이가 왜 저렇게 헬리콥터가 하늘에 많이 떠 있는지 물었다. "폭풍우 때문에 그럴 거야. 기억나지. 오늘 아침에 우리 장화도 신고 왔잖아?" 머리에 떠오른 첫 번째 거짓말이었다. 어찌 됐건 지금은 동화 구연 시간이지 않은가.

집으로 돌아오면서 친구들에게 전화를 걸고 싶은 마음이 굴뚝같았다. 아흐마드, 샤디, 아부 엘에즈, 오마르. 그들에게 오늘 일어난 일을 이야기해주고 싶었다. 우리에게 가까이 다가온 폭력에 대해. 죽음의 공포에 대해. 책이 요새가 되어 주고, 소설이 도피처가 되며, 종이가 피난처가 되었던 이야기를 들려주고 싶었다. 그들은 이미 아는 것. 이제는 거의 3년째 매일, 매시간, 매분 그들이 겪고 있는 일상의 이야기를 나누고 싶었다. 그래 보았자 무슨 소용이 있을까? 이스티클랄 거리의 공격은 지옥 같은 다라야에 비하면 단신의 기사에 불과했다.

'보이지 않는'
여성의 목소리

2016년 4월 5일.

그로부터 2주 후 다라야에서 새로운 이메일이 도착했다. 이번에는 한 집단의 편지였다. 다라야에 사는 마흔일곱 명의 여성이 서명한 고통의 절규였다.

우리는 시리아의 봉쇄된 도시, 다라야에 사는 부녀자들입니다. 우리 마을을 구하고자 긴급 요청을 드립니다. 끊임없는 폭격과 살상, 무지비한 포위 조치로 시리아의 비극이 계속되고 있습니다. 우리 마을은 지난 3년 동안 계속 최악의 상황을 경험했습니다. 민간인이 정치적 이유로 기근에 시달리며 값비싼 희생을 치러야 했습니다. 전반적인 식량난과, 기본적으로 소금 같은 필수품에서부터 더 나아가 외부 세계와 소통할 수 있는 수단의 부족으로 고통을 겪고 있습니다.

다라야는 모아다미야와의 왕래도 끊어지면서부터 상황이 더욱 악화했습니다. 마을은 완전히 봉쇄되어, 그곳에서 빠져나가려는 민간인도 포위되었습니다. 그 뒤로 8,000명가량의 우리는 스스로를 지켜나가야 했습니다. 최근에는 폭격의 우려로 지하 대피소 밖에서는 더는 사람이 살지 못하게 되었습니다.

최근 전투가 중단된 후, 마을에 다시 평온이 찾아왔습니다. 하지만 모든 건물이 맹공격으로 무너졌으므로, 피난소에서 나와서 사는 사람이 이제 없습니다.

우리는 가까이에서든 멀리서든 지금 일어나는 일들을 보신 모든 분에게 도움을 요청합니다. 우리는 도움이 간절히 필요합니다.

다라야에는 식량이 없습니다. 영양실조에 걸린 사람이 많고, 배불리 먹고 싶어도 향신료로 만든 수프 한 그릇에 만족해야 합니다. 이 편지에 서명한 어떤 사람은 이틀 전부터 먹을 것이 떨어졌고, 그보다 더 심한 사람도 있습니다.

아이들을 위한 분유도 없습니다. 산모들은 영양실조로 젖을 물릴 수 없을 정도입니다. 주방 세제와 같은 생필품도 이제는 찾아볼 수 없습니다. 우리는 건강을 지키고 전염병을 예방하는 데 필요한 세정제도 부족합니다.

우리, 다라야에 사는 여성들은 다음과 같이 요청을 드립니다.

마을 모든 지역에서 포위를 즉각 철회할 것.

도로를 개통하고 생필품, 식량, 의약품, 수돗물, 옷, 신발, 청소 용품 등의 공급을 재개할 것.

우리는 타격을 입은 모든 사람에게 즉각 원조의 손길을 보내줄 것을 유엔과 인권 기구에 요청하는 바입니다.

기자 여러분께서는 다라야에 관한 기사를 써주시고, 기근이 전면적으로 확대되지 않도록 우리 마을의 상황에 대해 주의를 환기해주시기를 부탁합니다. 우리는 굶어서 죽는 일이 벌어지기 직전의 상황입니다. 갓난아기와 연로한 사람들이 가장 먼저 견디지 못하고 숨을 거두게 될 것입니다. 여러분께 부탁합니다. 너무 늦기 전에 필요한 도움을 주시기를 바랍니다.

나는 편지 말미에 삽입된 서명을 하나하나 읽어나갔다. 사우산, 카디야, 아지자, 무나, 이크람, 사마르, 나자, 아말, 말락, 아마니, 키나즈, 사미라, 라마, 하이파, 파테마, 마하,

메르자트, 누르, 주마나, 아프라, 가다, 쿨루드, 와르다, 루브나, 아메나, 아야트……. 세상을 향해 보내는 최후의 구조 요청처럼 피로 쓴 이름의 행렬.

내가 알기로 이것은 '보이지 않는' 존재였던 여성들이 침묵을 깨뜨린 첫 번째 사례였다. 정부의 블랙리스트에 오르게 될지도 모를 위험을 감수하며, 익명에서 벗어난 여성들.

그들이 오래전부터 지켜온 신중함을 깨뜨려야 할 만큼 이들을 짓누르는 절망의 무게를 감히 헤아려보았다. 이 편지는 환심을 사거나 속이거나 조작하려는 의도가 전혀 없는, 있는 그대로였다.

나는 그들에 대해 아는 바가 전혀 없다. 나는 그들을 보지 못했다. 하지만 나는 그들의 목소리를 들었다. 그리고 그들의 마음을 알 수 있었다. 가정주부, 교사, 조산원, 운동가. 나는 이들의 일상에서 고통을 읽었다. 그 피로, 유산, 조산, 생리대 부족 등의 상황을 안다. 나는 놀란 아이들이 밤에 오줌을 싸고, 불안한 어머니들은 불면증에 시달리며 어둠 속에서 아무도 모르게 눈물을 흘리는 것을 안다. 아무도 말하지 않는 이 모든 불행은 전사의 용기를 북돋우고자 전쟁이 은폐하는 것들이다. 하지만 남성의 승리 뒤에는 여성의 고통이 있다.

함께 꾸는 꿈

전쟁 때마다 여성의 역할은 가려져 있었다. 여러 통의 편지를 받은 지 며칠 뒤, 나는 다라야 청년 조직의 또 다른 지주인 후삼 아야시(Hussam Ayash)를 알게 되었다. 책으로 배운 영어를 유창하게 구사하는 후삼은 지역 의회의 소통을 맡고 있다. 공식 성명을 발표하고, 서류를 번역하고, 해외 취재 기자들의 질문에 답하는 등의 일을 했다. 스카이프 대화창 너머로 후삼은 파란색 아디다스 티셔츠에 파묻힌 것처럼 보였다. "3년 동안 18킬로그램이 빠졌어요." 후삼이 말했다. 서른두 살에 키가 180센티미터인 남자가 62킬로그램이다! 눈은 피로와 기근으로 푹 꺼졌지만, 자신감이 넘치는 미소는 화면 속에서도 빛났다.

"절망적인 나날이지만, 저는 미래를 바라봅니다." 후삼이 힘주어 말했다.

후삼이 바라보는 미래는 제이나라는 시리아 아가씨로, 예전엔 모아다미야 근교에서 살았었지만 지금은 이스탄불로 망명했다. 후삼이 제이나를 만난 건 2015년 말, 다라야가 포위되기 직전으로 보자마자 한눈에 반했다. 몇 주 뒤, 사랑에 빠진 두 사람은 두 반역의 도시 중간 지점에서 약혼하며 서로 응원할 것을 엄숙히 약속했다. 하지만 이들의 재회는 늘 위험한 모험이었다. 후삼은 모아다미야까지 몰래 잠입해야 했다. 아사드 군대가 언덕 위에서 인접한 두 마을의 은밀한 왕래를 감시하며 겨누는 대포의 위협을 감수해야 했다. 건너편에서는 베일을 쓴 제이나가 가슴을 졸이며 후삼을 기다렸다. 남몰래 단둘이 마주 앉아 가만히 손을 잡을 혹은 몇 마디 달콤한 말을 주고받을 시간을 기대했다. 그것이면 충분했다. 다라야에 불어닥친 물자난은 이 젊은이가 약혼녀에게 아주 작은 선물을 하는 즐거움도 빼앗아갔다. "우리 둘 사이에는 규칙이 있어요. 선물은 없는 거로요!" 후삼이 설명해주었다. 그런데 세 번째 만남 뒤에, 제이나가 그 규칙을 깨뜨리고 말았다.

"그날, 제이나가 저에게 두 권의 책을 깜짝 선물했어요."

후삼이 말했다.

스크린 너머로 보물 같은 두 권의 책 가운데 하나를 흔들어 보였다. 나는 제목을 따라 읽었다. 줄리아 베리먼(Julia Berryman)의 『심리학과 당신(Psychology and You)』이었다. 선견지명이었을까?

"두 마을 사이의 마지막 통행로가 폐쇄되기 전날이었어요." 후삼이 그날을 또렷이 기억했다. 그날은 제이나가 부모님의 강요에 못 이겨 터키로 함께 떠나기 전날 밤이기도 했다.

그렇게 서둘러 헤어진 뒤로, 사랑하는 젊은 남녀는 다시는 만나지 못했다. 하지만 제이나가 주고 간 책은 후삼을 절대 떠나지 않았다. 사랑의 징표처럼. 이 끝없는 전쟁의 한복판에서 구세주와 같은 위로였다. 서로 편지를 주고받듯 계속해서 책을 읽도록 이끌어주었다.

"책은 우리 둘의 공통분모가 되었어요. 우리는 서로 만나지 못하지만, 각자 책을 읽을 수는 있었어요. 그러고 나서 스카이프나 왓츠앱으로 연락할 수 있는 상황이 되면서, 우리가 책을 읽고 난 소감을 적은 독서 기록장을 교환했습니다. 책이 우리를 더 가깝게 해주었죠. 둘 사이의 가교가 되어준 거예요."

두 연인은 서로 잘 알지 못했다. 둘은 너무 달랐는데, 문학적 취향도 마찬가지였다.

"제이나는 로맨스 소설의 열성 팬입니다. 그런 작품을 아주 좋아하죠! 저는 그보다 인간관계를 다룬 책에 더 끌립니다."

하지만 이 비상시국에서도 서로 사랑하는 마음, 미지의 사람에게 가까이 다가가려는 마음은 뜨거웠다. 비록 불확실하지만 함께 꾸는 꿈으로 가득한 미래를 바라보았다. 우스타즈의 조언에 따라, 후삼은 미국의 존 그레이(John Gray)가 쓴 『화성에서 온 남자, 금성에서 온 여자(Men are from Mars, Women are from Venus)』라는 책을 도서관에서 빌렸다. 후삼은 약혼녀도 읽게 하려고 책을 서둘러 읽었다.

"이 책이 두 사람 모두에게 큰 도움이 되었어요. 서로 차이를 이해하고 원거리 연애의 고충을 잘 해결할 수 있게 해주었죠."

하지만 이들은 전쟁으로 말미암은 불안에 적응해야만 했다. 특히 터키에서 망명자 생활을 하는 제이나는 걱정이 늘어나기만 했다.

"어느 순간, 전쟁이 멀리 떨어져 사는 사람에게 더 고통스러울 수 있다는 사실을 깨달았어요. 저야 전쟁이 일상이 되고, 제이나도 저의 일상이 되었죠. 저는 그것을 선택하고 받아들였습니다. 사실대로 말하면 저는 공포라는 개념을 잃어버린 것 같아요."

후삼이 내뱉은 마지막 음절에 잠시 침묵이 흐르다가, 이내 호탕한 웃음소리가 내 사무실까지 울려 퍼졌다. 나는 후삼을 바라보았다. 후삼이 목청껏 크게 웃었다. 후삼은 필사적으로 인생에 매달리는 사람의 열정으로 웃어 젖혔다. 용감하게 죽음에 등을 돌리는 사람처럼. 후삼에게서 인상 깊은 것은 자신이 경험한 고난에서 한 걸음 뒤로 물러서서 거리를 두고 보는 여유로운 태도였다. 일상의 부조리를 받아들이고, 필요하다면 그것을 농담으로 풀어내는 여유 말이다. 내가 후삼에게 나이 지긋한 대가의 성숙이 묻어난다고 하자, 후삼은 나에게 초연하게 대답했다.

"아, 그거 아세요. 저는 조지 오웰의 소설 제목처럼 1984년에 태어났답니다. 제 인생은 간단할 수가 없는 운명이죠! 지난 4년 동안 마흔 살은 먹은 것 같아요."

다시 후삼의 침묵이 잠시 이어졌다. 나는 후삼을 응시했다. 언뜻 잔주름이 스친 후삼의 얼굴은 역사책의 한 장 같았다. 4년 동안, 후삼은 그 모든 일을 겪으며 살아왔다. 혁명 초기의 요동. 군 복무 시절에 반군 세력을 향한 발포 명령을 거부하여 겪었던 감옥살이. 2013년 한여름에 거의 목숨을 잃을 뻔했던 사린 가스 공격. 가명인 그의 이름조차 그만이 알고 있는 역사에서 한 장면이다. 후삼이라는 이름은 2011년 혁명이 시작된 도시로 유명한 다라의 첫 희생자, 후삼 아야시(Hussam Ayash)에서 빌려온 것이다.

"가끔은 감각이 마비된 것 같은 느낌이 들어요. 다행히 제이나가 있어서, 저에게 평범함을 일깨워주죠." 후삼이 말을 이었다.

가상의 공간에서 제이나는 후삼의 뮤즈였다. 전쟁이 모든 감정을 말살하려는 순간에도, 후삼이 이 땅에 발을 붙이고 살 수 있게 해주는 인간다운 삶의 한 부분이었다. 제이나는 후삼에게 그의 나머지 반쪽이자 더는 흘리지 않는 눈물이었다. 언제 끊어질지 모르는 전화선 너머로 사랑한다고 속삭이는 순간이 너무나도 부서지기 쉬워서 조마조마한 나날이었다. 제이나는 후삼을 아주 좋아했다. 너무나 달라서 자주 싸우는 연인이지만, 제이나는 언제까지나 후삼을 기다릴 것이다.

"제가 꼬박꼬박 연락하지 않으면, 그때는 문제가 아주 많이 커져요!" 후삼이 웃으며 말했다. "제이나는 제가 현실에 닻을 내릴 수 있도록 해주는 힘이 있어요. 그리고 우리가 서로 연락이 여의치 않을 때는 책이 그 나머지를 알려줍니다. 책을 읽으면 세상의 여느 젊은이처럼 저도 학창시절로 되돌아간 것 같은 느낌이 들어요. 책은 일상이 되어버린 비틀어진 삶에서 저를 단숨에 벗어나게 해줍니다."

이 여성은 보이지 않는 마을에서, 후삼이 이 전쟁을 견딜 수 있게 해주었다. 제이나를 향한 후삼의 사랑은 그에게 목표를 세우게 했다. 전선 너머에 있는 하나의 목표. 전쟁이라는 장벽을 넘어, 둘이 함께하는 삶을 꿈꿨다.

재앙의 서막

2016년 5월 11일.

"안녕하세요? 잘 지내셨어요?"

"안녕, 아흐마드. 무슨 소식 있어요?"

"맞춰보세요. 유엔과 적십자사가 드디어 다라야에 도착해요!"

"정말?"

"곧 도착한대요. 몇 시간……, 늦어도 며칠 안에는 말이에요."

"정말 좋은 소식이다! 다라야의 구조 요청이 드디어 받아들여졌군요!"

"네, 식량을 갖고 오는 것은 아니라고 방금 알려졌지만 말이에요. 구급상자와 피임약, 혈중 포도당 검사지 같은 것만 갖고 온대요. 차라리 우리에게 필요한 건 설탕이긴 하지만요!"

이때가 2016년 5월 11일이었다. 하지만 왓츠앱으로 아침에 나눈 이 대화는 다라야가 지옥으로 한 발짝 더 내려가게 할 연이은 재앙의 서막이었다. 그로부터 24시간이 조금 더 지나, 3년 반 만에 처음으로 인도주의 단체가 이 고립지 가까이에 도착했다. 긴 협상 끝에, 정부는 자신의 조건을 내세우며 인도적 지원을 허락했다. 갓난아기에게 먹일 분유를 제외한 식량은 지원에서 배제하는 조건이었다. 하지만 마지막 순간에, 정부군이 자신의 규칙을 강요했다. 백신만 반입을 허가한 것이다. 유엔은 이들의 협박을 거부하고 되돌아갔다.

몇 분 뒤, 끔찍한 가장무도회는 훨씬 더 비극적인 형국이 되었다. 아홉 발의 대포가 다라야 주민이 모여서 인도주의 단체의 도착을 기다리던 곳을 덮쳤다.

"그렇게 기다리던 구호물자 대신, 폭탄 공격을 받아야 했던 거예요!" 아흐마드가 격분하며 말했다.

그때가 5월 12일, 저녁 9시였다. 그리고 그 공격은 치명적이었다. 어느 아버지와 아들의 목숨을 앗아간 것이다.

죽는 순간까지 치욕스러웠다. 그저 배를 채우기만을 바랐던 이들을 죽인 것이다.

며칠 뒤, 아흐마드는 다시 침착함을 되찾았다. 이 부당하고 비극적인 잔혹한 행위는 아흐마드가 5월 16일 나에게 메일로 보내준 비디오 클립의 제작 동기가 되었다. 나는 파일을 열었다. 화면 속에는 내 딸 사마라 나이 또래의 아이들이 탁자로 쓰는 매트리스 위에서 흙을 주무르고 있었다. 카메라 뒤로 아흐마드의 목소리가 들렸다. "뭘 만드는 거니?" 한 아이가 대답했다. "케이크요!" "케이크를 어떻게 구우려고?" 아흐마드가 이어 물었다. "어, 그냥 햇빛에 말려서요!" 또 다른 아이가 설명했다. 그러더니 순진한 아이들은 고사리 같은 손으로 진흙 반죽을 타르트 만드는 틀에 부으려고 애썼다. 그러고 나서 플라스틱 조화를 장식으로 얹었다. 밀가루가 없는 아이들은 서로의 불행에 아랑곳하지 않고, '예술 작품'을 만들어냈다!

내가 놀라는 모습에 놀란 아흐마드가 말했다.

"우리가 왜 이런 상상력을 발휘하는지 아세요? 그건 우리의 메시지를 국제사회에 전달할 방편을 꼭 찾아야 하기 때문이에요. 만일 이 일이 저에게만 해당하는 일이라면, 저는 일주일 내내 잠만 잤을 거예요."

하지만 잠은 타협할 수 없는 일종의 사치와 같았다. 먹는 것이 금지된 다라야의 주민은 편안히 잠자는 일도 금지를 당한 것 같은 처지였다. 숨 쉬는 것조차도! 보름 후, 2016년 5월 말, 휴전은 무산되고 말았다. '수많은 집' 위로, 하늘은 다시 천둥 치듯 요란해졌다. 구름을 가르는 대량의 드럼통 폭탄, 사방을 부수는 포탄, 죽음을 흩뿌리는 파편. 헬리콥터는 또다시 미친 듯이 공중을 가르고, 보유하고 있던 고철 덩어리를 쏟아부으며, 거만한 승리의 영광으로 마을 구석구석을 위협했다.

"아사드는 우리가 미쳐버리기를 바라고 있어요." 아흐마드가 쉰 목소리로 말했다. 몇 차례 실패 끝에, 마침내 스카이프로 아흐마드와 다시 연락이 닿았다. 아흐마드의 푸르스름한 눈가에는 피로감이 묻어났다. 폭격이 재개되면서, 아흐마드는 밤에 잠을 이루지 못했다. 나는 아흐마드가 이토록 기진한 모습을 본 적이 없었다. 아흐마드는 두 차례의 폭발 사이에 자신이 느낀 공포를 있는 그대로 이야기해주었다. 무너진 잔해 밑에 매몰된 주민들, 다급히 돌봐야 할 부상자로 넘쳐나는 보호소의 자원봉사자들, 부족한 마취제. 기시감이 들었다. 반복되는 악몽. 최악의 상황이었다.

아흐마드는 묘지를 찍은 사진들을 보내주었다. 맨눈으로 보기에도 넓어진 희생자를 위한 공간에는 연이어 매장이 이루어졌다. 송별의 기도문도, 묘비도 없었다. 묘소 대신에 흙으로 돋운 작은 둔덕이 전부였다. 묘비명이 놓일 곳에는 고인의 이름을 공들여 적은 판지 조각이 놓였다. 수의는 재고가 부족했다. 그 대신 침대 시트나 커튼 조각, 테이블보 등으로 수의를 만들었다. "때로는 천으로 시체를 덮을 여유도 없이 매장할 때도 있었어요." 아흐마드가 넌지시 말했다.

이제 90퍼센트가 파괴된 다라야에서 더는 품위 있는 죽음은 허용되지 않았다.

도시가 다시 지옥으로 변하면서 물자난이 생겼다. 2012년부터 수도와 전기가 끊겼던 주민들은 이제 모든 것이 부족했다. 휘발유, 식량, 화장지 등등. 중유를 만들고자 불태우곤 했던 플라스틱 물병과 비닐봉지도 귀해졌다. 더 많은 사람을 기아 상태로 몰아넣으려고 정부는 주변의 들판에 화염 무기를 쏟아부으며 악행을 저질렀다.

"봉쇄되었던 시기에 태어난 아이들은 사과가 어떻게 생겼는지도 모릅니다!" 아흐마드가 전해주었다.

그가 말을 중단했다. 납덩이처럼 무거운 침묵이 흘렀다.

이윽고 무덤 저편에서 들려오는 목소리처럼 아흐마드가 영양실조 사례와 성장이 멈춘 아이들, 인도적 차원의 대참패에서 느낀 두려움 등을 하나하나 짚으며 설명해주었다. 고통스러워하는 그들의 도시는 마다야(Madaya)와 같은 운명에 놓일 처지였다. 마찬가지로 다마스쿠스의 정부군에게 봉쇄된 그 도시에서, 2015년 한 해 동안 30여 명의 사람이 기아로 숨졌다. 카메라의 그늘 아래, 열일곱 개 도시가 포위된 채 비슷한 처지에서 근근이 연명하고 있었다. 이 가운데 열다섯 개 도시는 정부에 포위되고, 나머지 두 곳은 알누스라 전선의 이슬람 반군 세력에 봉쇄되었다. 기아는 전쟁 무기의 하나였다. 특히 효과적인 무기였다. 기아는 눈에 보이지 않는다. 하지만 서서히 몸을 갉아먹었다. 먹을 것으로 사람을 지배하려고 완벽하게 계산한 공격 전략이었다.

2016년 6월 1일, 마침내 다라야에 인도적 지원이 처음으로 도착했다.

"하마터면 큰일 날 뻔했어요!" 아흐마드가 흥분해서, 짧은 메시지를 전했다.

하지만 그 기쁨은 오래가지 못했다. 그토록 기다리던 식료품 대신 다섯 대의 트럭에는 샴푸, 모기 기피제 그리고 몇 대의 휠체어와 약품, 아이들을 먹일 분유통이 실려 왔다. 대다수 주민에게는 별 도움이 되지 못했다. 이 일은 유엔의 명성을 퇴색하게 하기에 충분했다. 정부에 협조적인 경향의 보수주의자로 간주된 유엔은 남아 있던 신뢰감마저 잃었다.

수차례 계속된 참사 이후, 국제사회로부터 너무나 은밀하게 고립되자 아흐마드는 기대를 접었다. 그는 그 어떤 공상도 그치고, 현재의 삶을 직시했다.

"우리가 기대할 것은 우리 자신뿐입니다. 온 세상이 우리를 버렸으니까요." 아흐마드가 말했다.

침몰하지 않기 위해
읽는 시

이 부조리를 어떻게 견디며 살까? 배고픔은 어떻게 떨쳐낼까? 불안과 피로에 어떻게 굴복하지 않을 수 있을까? 삶의 모든 영역에 스며든 폭력에 어떻게 저항할까? 아흐마드는 저마다 침몰하지 않으려고 각자 생존 법칙을 찾아낸다고 말했다.

두 차례 폭격 사이에, 후삼은 컴퓨터에 코를 박고 부릅뜬 눈으로 미래를 바라보며 전력을 다해 공부했다. 그는 최근에 원격으로 강의하는 로시드대학교(Roshd Virtual University)에 등록했다. 샤디는 줄곧 폭격의 현장을 따라다니며 모든 것을 영상으로 담고 자료를 수집하고자 애썼다. 정부가 저지르는 범죄의 현장을 직접 자료로 남기는 일에 열중했다. 혹 자신이 죽더라도, 몇 가지 흔적이나마 남게 되리라고 굳게 믿었다. 지역 의회에서 같이 일하는 동료들과 함께 희생자들의 묘지 위치를 세세하게 그린 지도도 그렸다. 묘지에 폭격이 일어났을 때, 무덤의 위치를 알아볼 수 있도록 하려는 것이었다. 전쟁은 이들에게 아무것도 소홀히 하지 않고 챙기는 법을 가르쳐주었다.

그렇다면 도서관은 어떻게 되었을까? 조촐한 지하 공간에 있는 도서관은 여전히 그 자리에 있었다. 선반에 잘 정돈된 책들하며 프로젝터, 꽃무늬 소파도 그대로인 채 불규칙한 주기로 문을 열었다. 하지만 오마르가 풀타임으로 전쟁 일선에 가담하면서, 도서관에는 그의 빈자리가 컸다. 반아사드파 군인들은 막대한 피해를 겪고 군수품이 부족해지기 시작했다. 잠시도 전투 구역에서 빠져나올 수 없는 상황이었다. 하지만 오마르는 책과의 의리를 지키기 위해, 자주 있는 일은 아니지만 뜨거운 차 한 잔 마실 여유가 혹 생길 때면 이븐 할둔과 니자르 카바니의 책을 벗 삼았다. 오마르는 다라야에서 정치적 시도를 포기하지 않은 몇 안 되는 주민 가운데 하나였다. 다른 독자들은 집중력이 부족했다. 그토록 눈독을 들이던 자기계발서조차 이제 전과 같은 성공은 거두지 못했다.

아흐마드는 내게 비밀 하나를 털어놓았다. 이 끝없는 절망의 시기에, 자신과 비슷한 경험을 겪은 사람들의 증언이 담긴 책을 읽는 것만이 그나마 힘이 된다고 했다. 아흐마드와 친구들은 도서관의 창고에 있던, 사라예보 포위전을 다룬 책을 몇 권 찾아냈다.

1992년부터 1996년까지, 세르비아 군대가 보스니아 헤르체고비나의 수도에 봉쇄령을 내렸던 당시에는 너무 어렸던 이들은 늦게나마 이 역사를 놀란 눈으로 마주했다. 이 지옥 같은 분지에 포위된 4,500만 명의 주민에게 폭격과 기아와 공포가 4년 동안 이어졌다. 4년간 무차별적으로 가해진 폭력은 11만 5,000명 이상의 목숨을 앗아가고, 도시는 산산조각 났다. 건물들이 들쭉날쭉 부서졌다. 유적지는 파괴되었다. 거기에는 큰 도서관도 포함되어서, 그곳에 있던 150만여 권의 장정이 연기로 사라졌다. 비 오듯 퍼붓는 포탄의 공격을 받은 도서관은 사라예보 문화 유적의 기반이었다. 역사와 겨루는 전면 대결. 그들 자신의 역사를 비추는 거울과도 같았다. 비극과 고통을 비추기도 했으며, 그들의 용기와 자유를 위한 투쟁 그 자체였다.

"사라예보에 관한 책을 읽으면, 외로움이 덜어졌습니다. 우리보다 먼저 누군가는 같은 시련을 겪었다는 사실을 알게 되니까요. 다른 나라, 다른 상황에서 말이죠. 그래도 그들의 이야기 덕분에, 마음에 상처를 더는 것 같습니다. 앞을 향해 나아갈 내면의 힘을 얻게 돼요." 아흐마드가 말했다.

이 책들 속에 새겨진, 종이로 된 기억 속에 지금 진행되는 역사의 생생한 보고도 추가될 것이다. 우리가 익히 잘 아는 '선생님', 무함마드 시하데는 미국 출신의 한 전쟁 취재 기자의 중개로 그 오랜 수난의 도시에서 탈출한 사람들과 직접 연락을 취했다. 그를 위해 특별히 만들어진 왓츠앱 단체 대화방을 통해 이어지는 대화에 때로는 생존의 비법이, 때로는 흥미로운 일화가 등장했다. 온 세계가 다라야의 이야기를 이미 잊어버린 것 같을 때, 그것은 분명 힘이 되었다.

하지만 아흐마드에게 가장 큰 위로가 된 것은 마흐무드 다르위시(Mahmoud Darwish)였다. 아랍 세계에서 극찬을 받는, 이 팔레스타인 출신의 시인은 2008년 타계했다. 하지만 아흐마드는 다르위시가 집필한 1982년의 베이루트 포위전이나 2002년의 라말라(Ramallah) 포위전에 관해 쓴 글들을 알게 되었다. 혁명 전에는 이 글들을 몇 번이나 손에서 놓쳤다. 그 당시에는 너무 멀리 느껴졌기 때문이었다. 포위가 더욱 공고해지면서부터 이 두 가지 명작이 갑자기 특별한 깊이를 갖게 되었고, 아흐마드는 이 시들에 나오는 구절을 전부 외웠다. 시인이 직접 녹음한 음원을 유튜브에서 찾아 매일 아침 반복해 들었다.

"우리가 다 표현하지 못하는 것들을 속삭여주는 은밀한 목소리를 듣는 것처럼, 저는 이 시들을 들었어요. 우리가 부르지 못하는 노래를 불러주는 것 같았죠. 저는 시의 구절마다, 단어마다 그 속에서 저 자신을 발견했어요. 다르위시의 경험과 저 자신을 동일시하게 되었죠. 늘 도사리는 폭격의 위협, 멈춘 것 같은 시간, 잊을 수 없는 희생자들. 저는 다르위시의 시를 들으며 늘 생각했어요. '이건 내가 느끼는 것과 똑같아!'"

아흐마드가 말을 멈췄다. 그가 느끼는 흥분이 화면을 뚫고 나와 내 사무실 안까지 전해지는 듯했다. 아흐마드는 만일 마흐무드 다르위시의 두 가지 시 중에 하나를 골라야 한다면, 더 최근작인 「포위 상태」라는 시를 고르겠다고 했다. 이스라엘 군대가 팔레스타인의 마을에 봉쇄령을 내렸을 때 라말라를 묘사한 시였다. 아흐마드에게 제일 좋아하는 부분은 어느 부분인지 물었다.

"물론 도입부죠."라고 아흐마드가 대답했다.

감정을 실은 목소리로 시를 읊기 시작했다.

여기, 경사진 언덕에서 노을을 마주하고

세월의 간극을 넘어

막혀 있는 그늘의 과수원 근처,

포로처럼,

실업자처럼,

우리는 희망을 경작한다

(마흐무드 다르위시가 아랍어로 쓴 시 「포위 상태」를 엘리아 산바르
(Elias Sanbar)가 번역(Actes Sud, 2004))

화면 속에서 천천히 고개를 든 아흐마드는 입술을 굳게
다물었지만, 거기에는 미소가 배어 있었다. 모진 세월과
전쟁을 뚫고, 이 가냘픈 글줄로 엮어낸 시에는 모든 이야
기가 담겨 있었다. 생생하고 정확한 기술이었다. 이 시에
가득한 언어가 아흐마드를 대신해서 말해주는 듯했다. 다
라야를 대신해서 말이다.

배고픔을 달래는 방법

그래도, 희망이 있었다. 테라스 한 편에 임시로 만든 채소 밭에서 희망을 경작했다. 메마르고 더럽혀진 땅을 뚫고 나온 해바라기에 담긴 희망이었다. 폭탄에 파인 커다란 구멍 한가운데 자라난 이 소관목에 담긴 희망. 다라야에 있는 내 통신원들이 보내준 새로운 사진들을 하나하나 바라보았다.

시대의 비극에도 불구하고, 사진은 한 편의 시와 같이 형상화해냈다. 아주 특별한 재능으로 구사한 시구는 그 '내면의 힘'으로 이들이 버틸 수 있게 도와주었다. 굶어 죽지 않기 위해 이들은 자신의 얼마 안 되는 안뜰을 경작지로 탈바꿈하여 상추, 시금치, 토마토, 감자 등 소박하나마 밥상에 올릴 재료를 길렀다. 마을의 마지막 남은 비축분에서 가져온 불구르*(boulgour) 알갱이와 함께 이 몇 가지 채소가 이들의 기본 양식이었다. 가끔 작황이 나쁠 때는 나뭇잎과 뿌리를 넣고 옛날식으로 난로 위에 얹어 걸쭉하게 끓인 간단한 수프로 만족해야 했다.

"형편없는 식사죠!" 스카이프로 비친 후삼의 얼굴이 찌푸려졌다. 후삼이 일상의 공포에 맞서는 방패로 일부러 지어낸 장난기 어린 미소를 나는 알아볼 수 있었다. 약혼녀 제이나에 대한 비밀 이야기를 털어놓은 뒤부터 우리는 자주 왓츠앱으로 이야기를 나누었다. 후삼은 유창한 영어 실력으로 자신의 열정과 두 사람의 사랑싸움, 장래의 일에 대한 고민을 들려주었다. 후삼에게 필요했던 것은 외국인으로서 중립적인 입장에서 이야기를 들어주는 사람이었을 것이다. 매번 대화를 나눌 때마다 나는 커피잔도 멀리 치우고 비스킷 상자도 웹캠에서 멀리 떨어트려 놓으려 애썼다. 하지만 그날 '요리'에 대해 열변을 토한 것은 오히려 후삼이었다. 그것이 도리어 심한 배고픔을 달래는 방법이라고 했다.

"제일 먹고 싶은 음식이 뭔지 아세요? 바로 통닭구이예요!" 후삼이 웃으며 말했다.

---

* 밀을 반쯤 삶아서 말렸다가 빻은 것.

후삼은 제일 좋아하는 닭고기류에 대해서라면, 아주 상세하게 설명할 수 있을 정도였다. 바삭거리는 겉껍질, 닭 다리 살을 부드럽게 해주는 소스, 닭 다리의 맛까지…….

"사실 배고픈 얘기는 점심시간에 하는 게 딱 맞죠." 후삼이 한술 더 떴다. 이제는 익숙한 그의 이러한 성향은 암울한 기억으로 쌓인 너무나 두꺼운 먼지를 몰아내려는 것이었다.

화면 저편에서 후삼이 일어섰다. 그러자 그의 얼굴은 프레임에서 사라지고, 바게트처럼 가늘어진 다리가 드러났다. 이 청년은 자기 노트북 컴퓨터를 들고 단출한 거실을 왔다 갔다 움직였다. 후삼은 손짓으로 자기 소파와 서류 더미가 쌓인 선반을 가리켰다. 불안정한 인터넷 연결로 화면이 멈추더니, 갑자기 가스레인지가 비쳤다. 내 호기심 어린 시선은 개수대에 쌓인 그릇과 냄비들로 옮겨갔다. 후삼의 부엌에 들어간 느낌이었다.

"저의 식사에 초대해도 될까요?" 후삼이 농담조로 말을 이었다.

선반 위에 놓인 작은 식료품 상자는 비어 있고, 불구르 한 봉지만 놓여 있었다.

"오늘의 만찬!" 후삼이 끓일 물을 담으며 재미있는 일처럼 말했다.

몇 주째 이렇게 자기만의 특별한 식사를 준비해온 후삼은 얼마 되지 않는 비축량을 생각해서, 아직 몇 달을 더 버틸 수 있도록 음식량을 최대한 줄였다.

"맛있게 먹어요." 내가 장난치듯 대답해주었다.

수증기가 후삼의 부엌을 덮으면서 컴퓨터 화면에 흰색의 작은 반점들이 생겼다. 후삼이 화면에서 사라졌다가 베이지색 걸쭉한 죽이 담긴 접시를 들고 다시 나타났다. 식사를 시작하기 전 후삼은 기억의 돌기를 자극해서, 요리에 얽힌 비밀 이야기 몇 가지를 떠올렸다.

"배고픔을 견디려고 우리는 서로 모여서 밤새 음식에 관한 이야기를 나누며 보냈어요. 각자 자신이 제일 좋아하는 음식을 이야기하죠. 할머니가 속을 채워 만든 호박 요리, 고기를 우려서 만든 탕, 좋아하는 향신료, 곁들임으로 나오는 피스타치오로 만든 디저트 등이 나왔어요."

후삼이 들려준 또 다른 방법은 수프 한 그릇을 두고 다 같이 빈둥거리며, 마지막 한 숟가락까지 음미하는 미식가의 만찬인 양, 한술 뜰 때마다 음미하는 흉내를 내는 것이었다. 이것도 빵이 없이는 한계가 있었다. 다라야에서는 2013년부터 빵이라고는 찾아볼 수 없었다. 지금까지 지역 의회는 폭격의 피해를 보지 않은 마지막 빵집의 영업을 근근이 유지할 수 있도록 했었다. 그러다가 밀가루 재고가 모두 바닥나면서 빵 없이 지내야 했다. 하지만 이 생존의 문제가 또 다시 농담으로 이어졌다. 시리아인에게 매우 중요한 기본 식량이 떨어진 것을 자위하고자 후삼과 친구들은 바게트와 브리오슈, 시리얼 사이에서 무엇을 먹을까 고민하느라 시간을 보내는 다른 나라의 불쌍한 소비자 흉내를 내며 농담을 했다.

"적어도 우린 그런 걱정은 할 필요가 없어요." 후삼이 웃으며 말했다.

2016년 6월 9일 저녁, 라마단 금식월의 넷째 날에 희망과 진실이 마침내 다라야의 문을 두드렸다. 이번에는 도시의 벽을 관통했다. 48시간의 짧은 휴전을 틈타, 아홉 대의 트럭이 포위된 도시로 침투했다. 이들의 트렁크에는 밀가루와 건조식품, 의약품 자루가 실려 있었다. 식량 보급량은 턱없이 부족했다. 그저 한 달 동안 버틸 수 있을 정도였다. 하지만 봉쇄로 기아에 시달리던 8,000여 명의 주민에게는 그것만으로도 이미 기적이었다.

"드디어 왔어요! 믿을 수가 없네요!" 아흐마드가 생생한 소식을 전하며 흥분에 들떴다.

안타깝게도 그 함정은 열렸던 것만큼이나 빠르게 다시

닫혔다. 다음 날이 되자 정부군의 비행기가 또다시 하늘에서 맹위를 떨치며, 그토록 기다리던 식량 보급을 방해했다는 소식이 들렸다. 해외에서는 분노의 소리가 터져 나오고, 다마스쿠스 정부의 이중성을 성토했다. 하지만 아무 소용이 없었다. 하늘에서 쏟아지는 폭탄은 이 모든 비난을 조롱하는 듯했다. 관에 들어간 것 같은 다라야에 두드리는 마지막 못질 같았다.

나는 걱정되어서 아흐마드에게 연락했다. 어떻게 지내나요? 안전한 대피소로 피란은 했나요? 또다시 찾아온 시련을 어떻게 견뎌내고 있나요? 수화기 너머로 아흐마드의 대답이 쉽사리 들리지 않았다. 그는 목소리를 잃어버렸다. 그는 목이 쉬어 있었다. 내 마음이 안타까움으로 무너져 내렸다. 아흐마드와는 인터넷으로 친해진 터라 나는 그가 하는 말의 행간을 읽고, 그의 대답을 예측하며, 그의 침묵을 해석하는 법을 익혀왔었다. 그래서 그 순간의 침묵은 여느 때와 다르다는 것을 알아챘다. 처음으로, 그 침묵에는 수많은 다라야에 대한 이야기가 담겨 있었다.

그의 감정은 목소리를 내지 못했다.

그의 마을이 위험에 처해 있었다.

그의 희망이, 유린된 것이다.

그들을 잊지 않기 위해서

2016년 6월 12일.

새벽 5시, 나는 잠을 이루지 못하고 있었다. 인터넷에서 다라야의 어떤 소식이라도 들을 수 있을까 싶어 노심초사하고 있었다. 아흐마드와 더는 연락이 닿지 않았다. 왓츠앱으로 보낸 메시지에도 모두 응답이 없었다. 읽지 않음 상태로 확인되었다. 메시지를 읽었다는 이중 체크 표시가 뜨지 않았다. 나는 스마트폰에서 다른 대화 상대들의 목록을 열었다. 후삼은 없었다. 샤디도 없었다. 오마르 역시 없었다. 백지처럼 새하얀 정적이었다. 소식을 확인할 수 없는 화면 위로 그들을 영영 잃어버린 것 같은 두려움이 드리웠다.

인터넷이 없어지면 세상이 다시 광막한 곳이 되고, 이제
는 좁혀진 줄 알았던 사람들 사이에 거리감도 다시 그만큼
멀어진다! 웹상에서의 연결은 이들이 안전하다는 표시이
자, 그들의 주변이 더 견고하게 고립되는 상황에서 유익한
돌파구라고 여겨왔었다. 하지만 희망은 사라졌다. 이제 온
세상은 이들의 구조 요청과 살아남은 자들의 울음소리를
전혀 들을 수 없다. 우리 사이에 칠흑 같은 어둠이 가로놓
였다. 지금까지의 이야기를 다 삼켜버린 끝없는 밤이었다.

다마스쿠스 정부에서 구사하는 위협은 전혀 고무적이
지 않았다. 드럼통 폭탄과 자탄의 폭격으로 무너진 무덤
같은 다라야로부터 수 킬로미터 떨어진 곳의 확성기에서
는 이번에는 반드시 '테러리스트'를 청산하겠다는 공약
이 흘러나왔다. 관저가 있는 언덕에서는 안과의였던 아사
드의 눈가리개가 더 두꺼워졌는지, 자신의 군사들을 반군
지역의 관문으로 급파해 새로운 구역을 잠식해 나가려 했
다. 전 세계 카메라에서 멀어지니, 압박은 더 심해졌다. 증
인이 없는 상황에서 내 생각은 최악으로 치달았다. 대규모
군사 공격. 살상 공격. 사회관계망이 아직 생겨나지 않았
던 1982년 하마에서 일어난 사건처럼, 보이지 않는 학살.
나는 아흐마드와 친구들에 대한 걱정을 떨칠 수가 없었다.

그들은 폭탄의 공격과 이들의 고통에 무기력한 세계로 말미암은 이중의 희생자였다.

소식이 없자, 나는 페이스북·왓츠앱·유튜브 등을 샅샅이 뒤지며 아주 작은 것이라도 그들의 흔적을 찾으려 했다. 하지만 아무것도 없었다. 단 한 장의 사진, 단 한 줄의 글도. 밀려오는 불안감에 사로잡힌 채, 인스타그램 계정으로 급선회했다. 아흐마드의 계정은 벌써 몇 달째 비활성화 상태였다. 아흐마드가 마지막으로 올린 사진은 우는 장면이었다. 다라야의 장례 행렬에 또 하나 보태진 희생자였을 아들을 땅에 묻는 어느 어머니의 사진이었다.

나는 뒤로 가기를 눌러 시간을 거슬러 가보았다. 사진 하나하나, 요지경 같은 아흐마드의 일상을 담은 이야기 하나하나를 자세히 살폈다. 그러다가 '전쟁 말고 사랑을 하세요.'라고 쓰인 붉은 장미 사진을 보게 되었다. 또 어느 병사의 팔에 안긴 작은 고양이 사진에 시선이 멈췄다. 흑백 셀카로 남긴 아흐마드, 후삼, 샤디의 보기 좋은 얼굴도 마주쳤다. 이들의 사진에서 늘 배경이 되곤 했던, 다라야의 무너진 폐허에서 자세를 취한 사진이었다. 나는 또 어느 거실 융단에 누워 게으름을 피우는 그들의 사진에서도 얼굴을 알아보았다. 소중한 휴식의 순간이었다. 나는 전쟁의 부조리에 대해 생각했다. 혹은 그런데도 그 속에 숨어 있는 평범함에 대해서도 생각했다.

그러고 나서 다시 비밀 도서관을 떠올렸다. 종이로 하는 저항. 오마르의 원고. 아부 엘에즈의 부상. "천국! 천국!"을 부르던 희망의 멜로디. 혁명의 장미와 물병. 불타오르는 눈동자. 평화를 외치는 팻말들. 그 모든 고통스럽게 하는 어구들. 나는 사진에서 눈을 뗄 수가 없었다. 전쟁은 이들의 얼굴에 노인의 눈을 심어놓았다. 나는 사건의 흐름을 되짚어보았다. 그곳에 어떻게 이런 일이 생긴 것일까? 아사드의 뇌에는 어떤 악마가 숨어 있는 것일까? 러시아에서 온 걸까? 아니면 이란에서? 아사드가 눈먼 채로 있기를 바라는 모든 크고 작은 폭군에게서 온 것일까? 나는 어느날 다라야의 부고에 실릴 문구를 상상해보았다. 권력욕으로 고통을 받은 도시. 탐욕스러운 야망에 깨진 꿈. 시리아 지도에서 지워진 희망의 작은 점. 마다야, 홈스(Homs), 알레포(Aleppo) 동부 등 봉쇄되었던 도시 목록에 추가된 또 다른 희생자…….

이스탄불에 있는 내 사무실에서, 나는 이슬람교 수도승처럼 서성거렸다. 나는 그들이 남긴 것, 즉 책에 매달리며 그 침묵의 시간을 채웠다. 『연금술사』, 『껍질』, 『레미제라블』, 『성공하는 사람들의 7가지 습관』을 다시 읽었다. 마흐무드 다르위시의 시구가 뇌리에 노래처럼 맴돌았다.

포위, 그것은 기다림,
폭풍 속에 기울어진 사다리 위에서 기다리는 일.*

그리고 나는 「포위 상태」에서 다음과 같은 후렴구가 반복될 때마다 마음이 흔들렸다.

글을 쓰는 것은 허무를 물어뜯는 강아지.
피 흘림 없이 상처 입히는 일.**

글쓰기라, 그런데 왜? 무엇을 위해? 나는 준비 중인 이 책의 책장들이 펼쳐지는 듯했다. 그들의 책, 다라야에 대한 책 말이다. 나는 그다음을 예상하며 덜 비극적인 이야기가 되기를, 행복한 사건으로 마무리 지을 수 있기를 바랐다. 이들이 없어도, 이 책이 의미가 있을까? 소설은 실화

---

* 마흐무드 다르위시, 「포위 상태」, 앞서 언급한 책.
** 같은 책

가 갖지 못한 장점이 있다. 소설은 현실의 고속도로를 피해 상상력의 길로 들어설 수 있기 때문이다. 사람들은 전개, 결말, 새로운 인물들을 만들어냈다. 하지만 허구를 다루는 것은 이 상태에서 논외의 문제로 느껴졌다. 시간과 기억이라는 두꺼운 벽에 글을 쓰는 것. 개인들의 이야기에서, 넘겨본 책의 책장에서, 전쟁의 구덩이 속에서, 개인의 기억과 눈물과 웃음 속에서, 폭탄으로 지워져 너무 빨리 과거가 되어버린 지금 현재 상황에 대해 아주 사소하고 때로는 내밀한 흔적들을 수집하는 것.

이 책은 그 모든 것을 담았다. 보이지 않는 이 영웅들의, 아직 끝나지 않은 이야기 말이다. 나는 그것을 포기할 수 없었다.

잊지 않으려고 쓴 것이다. 그들을 잊지 않으려고.

샤디는 길을 잃었네

2016년 7월 12일.

꼬리를 무는 걱정과 반성으로 한 달을 보냈다. 부족한 정보를 메우고자 애쓴 한 달. 내가 그때까지 모을 수 있었던 자료를 편집하며 보낸 한 달이기도 했다. 사진, 폭격으로 잘려나간 문장의 파편, 전쟁에서 살아남은 일상의 단면들……

그리고 7월 12일, 캄캄하던 내 휴대전화 화면에 처음으로 생사의 소식이 도착했다.

"샤디가 다쳤어요."

나는 안도와 불안 사이에서, 왓츠앱으로 전송되어 온 메시지를 다시 읽었다. '샤, 디, 가, 다, 쳤, 어, 요.' 또다시 침묵이었다. 이 고약한 기다림의 시간. 기울어진 사다리 위에서 기다리는 시간……

그날 저녁 다시 연결되었을 때, 새로운 소식을 전한 것은 샤디 본인이었다. 샤디는 왼손에 두꺼운 붕대를 감고 있었지만, 나를 안심시키려고 애썼다. 위험에서는 벗어났지만, 샤디가 공격의 대상이 된 것에 마음이 아팠다. 지난 몇 주는 지옥 같은 상황이었다. 도시로 들어가는 길목에서는 정부군이 일부 구획이라도 되찾으려고 공격을 이어갔다. 위험에 맞서려면 자주 대피소를 옮기거나, 땅굴 바닥에 웅크리고 있어야 했다. 사무실은 접근하기 어려워지고, 덩달아 인터넷도 접속할 수가 없었다. 끝없이 되풀이되는 공격의 형태는 톱니바퀴 모양 같았다. 이틀 동안 집중 폭격이 있다가 하루 쉬는 양상이 이어졌다.

7월 12일 아침, 그날 오전은 더 고요하리라고 예상했었다. 샤디는 오랜만에 미디어센터의 동료인 말리크와 함께 외출했다. 그들은 가족의 안부를 확인하고, 몇 가지 영상을 촬영하고, 피해 규모를 가늠해보고자 했다. 이들은 공통으로 서부 지역의 한 동네를 택했다. 순식간에 폭탄 로켓이 비처럼 쏟아지며 이들의 길을 막았다. 불시에 공격을 당한 두 사람은 되돌아가려고 했다. 하지만 너무 늦은 일이었다. 또다시 새로운 폭격이 이들의 바로 옆에 쏟아진 것이다. 이번에는 발아래 땅이 흔들릴 정도였다. 앞으로든 뒤로든 한 발짝도 떼어놓을 수 없었다. 연기가 자욱하게 시야를 가렸다. 시멘트 가루가 뒤섞인 먼지구름이 일었다. 충격에 휩싸인 샤디는 자신이 다쳤다는 사실을 바로 알아차리지 못했다.

"눈앞이 하나도 안 보였어요. 그래서 소리쳤죠. '말리크! 말리크!' 그 친구에게 무슨 일이 일어났을까 봐 겁났어요."

샤디는 더듬거리며 통로를 찾았다. 친구를 다시 만났을 때야 비로소 자기 왼손이 욱신거리는 것을 느꼈다. 아래를 내려다보니, 손은 피로 흥건했다. 유산탄의 파편에 피부막이 벗겨지고, 엄지와 집게손가락이 탈구한 것이었다. 격통이 느껴졌다. 그는 통증으로 고통스러웠다. 말끔한 트럭한 대가 쏜살같이 지나갔다. 그 차는 마을에서 유일한 병원으로 샤디를 데려다주었다. 그곳에서는 간호사들이 정신없이 바빠서 어쩔 줄 몰라했다. 의사가 마침내 도착하자 급히 수술을 시작했다.

"모르핀도 그다지 세지 않았어요. 저는 고통으로 울부짖었어요. 저를 격려하려고 의사는 유명한 노래를 흥얼거렸죠. '샤디는 길을 잃었네.'"

다시 한번 샤디는 코앞에 닥친 죽음을 경험했다. 로켓은 어느 건물의 구석에 떨어졌는데, 그가 있던 곳에서 불과 50센티미터 거리였다.

"몇 센티미터만 더 가까워도 죽었을 거예요."

나는 아흐마드, 후삼, 오마르에 관해 물었다. "그 친구들과 같이 있어요? 그 애들은 안전한 거죠?" 샤디가 안심하게 해주었다.

"같이 있지는 않아요. 하지만 친구들 모두 잘 있어요. 우리는 저마다 타격을 피하려고 대피소를 옮기는 데 시간을 다 씁니다."

그렇다면 카메라는? 샤디는 언제나처럼 카메라를 심장에서 가깝게 어깨에 비스듬히 메고 있었다. 간신히 수술에서 회복되자마자 샤디는 박격포 파편에 렌즈가 산산이 조각났다는 사실을 깨달았다. 더는 사용할 수 없었다. 케이스는 완전히 검게 탄 상태였다. 사실 카메라가 샤디에게 방탄조끼 노릇을 한 셈이었다.

"카메라가 저를 살렸어요!"

샤디가 말을 그쳤다. 다시 침묵이 흘렀다. 샤디와 떼어놓을 수 없었던 카메라가 그와 죽음 사이를 막아섰다. 그리고 카메라는 마지막으로 '찰칵' 셔터가 눌린 순간까지

기능했다.

"나중에 부서진 카메라에서 메모리카드를 꺼냈을 때, 그
것이 전혀 손상되지 않았다는 것을 알게 되었어요. 제가
공격을 받기 전에 찍었던 사진이 고스란히 저장되어 있는
거예요! 기적이죠!"

구원과도 같은 사진들. 불가피한 고통이 지울 수 없는
흔적처럼 새겨져 있어 반박할 수도 없는 전쟁의 상흔들.

다라야가 울고 있다

2016년 7월 14일.

잊지 않으려고 글을 쓴다. 이번에는 의회가 서명한 새로운 편지가 다라야의 한복판에서 탈출해 나왔다. 진지하고도 걱정스러운 어조였다. 프랑스 대통령 올랑드(François Hollande)에게 직접 보내는 이 편지는 세상을 향해 던지는 최후의 절규였다.

프랑스 대통령 각하,

오늘도 자유를 얻으려고 싸우는 우리 다라야 주민은 도시를 짓누르는 위협에 대해 알리고자 편지를 씁니다. 8,000명 이상의 주민이 2012년부터 다마스쿠스로 가는 관문에서,

극도로 어려운 상황 속에서 포위된 상태로 살아가고 있습니다. 이곳에는 전기, 수도, 통신이 모두 끊어졌습니다. 이러한 상황은 정부군이 최근 몇 주 동안 폭격을 더욱 강화하면서 급격히 나빠졌습니다. 정부의 이러한 공격은 2015년 12월 빈에서 체결한 휴전협정을 어긴 것입니다. 다라야와 모아다미야의 인접 지역 사이에 혁명군이 설치한 '인도적 지대'는 무너져버리고, 주민의 마지막 수단인 농지도 파괴되었습니다. 그곳에 대피소를 두었던 주민은 시내 중심에 있는 무너진 아파트에 몸을 피할 수밖에 없게 되었습니다.

4년 동안 8,000번 이상 드럼통 폭탄이 이 도시에 투하되었습니다. 우리는 최근 아사드군과 연합군의 진격이 다라야의 마지막 남은 주민을 학살하고, 시리아에서 평화주의의 씨앗을 완전히 파괴할 대규모 공격의 전조가 아닌지 우려하고 있습니다. 정부와 다에시 극단주의에 저항해온 다라야는 2012년 8월과 유사한 학살의 위협에 다시 놓였습니다. 이틀 동안 641명 이상의 민간인이 충성스러운 군대에 학살되었습니다. 이때 일어난 일은 사실 바샤르 알 아사드가 모스크바의 보급 지원을 받아 실행한 재정복 작전의 결과입니다. 2016년 2월 27일 휴전협정이 시행에 들어간 두

달 동안은 전투와 폭격이 멈췄습니다. 정부 측이 반복해서 휴전협정을 어겼는데도 혁명군은 합의를 준수했습니다. 혁명군은 이들을 지휘하는 민간인 책임자들의 본을 따라, 늘 평화적 해결책을 우선하는 의사를 표명해왔습니다. 하지만 정부군은 일방적으로 5월에 정전협정에 종지부를 찍었습니다. 이때부터 마지막 주민들이 포위된 시내로 진군했습니다.

대통령 각하, 평화주의자인 다라야가 또 다른 시리아판 게르니카가 되지 않으려면 정전을 위한 대책 위원국들이 책임을 다해야 합니다. 우리는 정부가 2015년 12월 맺어진 빈 협정과 안보리 결의안 2254호를 이행하도록 강제할 수 있게 긴급히 개입해달라고 요청합니다. 정전 외에도 인도적 지대의 재건, 희생자들의 후송과 보호, 최종적으로는 봉쇄 해제를 요청합니다. 항상 시리아 국민의 편에 있었던 프랑스가 다라야에서 벌어지는 학살을 막을 수 있도록 영향력을 행사해주기를 바랍니다. 프랑스는 정전협정을 지지하는 모든 관계자와 마찬가지로 이에 대한 책임이 있습니다. 인간적·군사적 상황이 비극적이지만, 다라야는 지난 4년간 해왔던 것처럼 정치적·평화적 해결책을 모색하며 저항과 투쟁을 이어나갈 것입니다. 하지만 지금은 국제사회와 정치적·혁명적 세력의 개입만이 다라야와 주민의 파멸을 막을 수 있을 것입니다.

혁명과 존엄, 자유 만세.

7월 14일, 프랑스혁명 선언을 읽었던 걸까?

이때 프랑스 시각으로 22시 33분이었다. 그날 저녁 프랑수아 올랑드 대통령은 다른 일로 정신이 없었다. 니스에서 전통적으로 열리던 불꽃놀이가 유혈 사태로 끝난 직후였기 때문이었다. 트럭 한 대가 군중 속으로 돌진하여, 400명이 넘는 사상자가 발생했다. 다에시가 인정한 또 한 번의 만행.

평소답지 않게 늦은 밤중에 두 가지 메시지가 한꺼번에 휴대전화로 전달되었다. 나는 전날 배로 그리스의 한 섬에 와 있었다. 보기에는 너무나 평온하지만, 수많은 이주자가 파도에 휩쓸려간 지중해를 건넜다. 이곳도 인터넷 환경이 열악했다. 와이파이 비슷한 신호를 잡으려면 이웃집 담벼락에 붙어야 했다. 밤에는 테라스에 쿠션을 밀어 넣었다. 나는 작은 담장에 휴대전화를 놓아두고 아흐마드에게 답장을 쓰기 시작했다. 무력감과 죄책감에 피로마저 보태져,

머릿속에서는 말들이 서로 엉켰다. 아사드가 시리아를 폭격했다. 이슬람국가 조직은 프랑스와 다른 지역에서 살상했다. 세계가 불타오르는데 나는 외따로 떨어져 그리스의 작은 섬에서 메뚜기 울음소리에 마음을 달래고 있다. 이곳은 딸 사마라에게 휴가를 가기로 약속한 곳이었다.

나는 컴퓨터의 빈 화면을 뚫어지라 바라보았다. 나는 아흐마드에게 사람들이 그들을 잊지 않았다고 말해주고 싶었다. 그들의 편지가 마침내 사람들의 의식을 일깨우리라고 장담하고 싶었다. 다라야는 절대 또 다른 게르니카가 되지 않으리라고. 좋은 날이 오리라고. 포도밭에는 포도가 열리고, 과수원에는 올리브가 열리며, 배부르게 빵을 먹을 날이 오리라고. 나는 그들에게 21세기에 그런 비극은 반드시 벌을 받게 되리라고 얘기해주고 싶었다. 프랑스혁명은 하루아침에 이루어진 것이 아니라 시간이 걸렸다고, 지금 다에시가 도전하는 '자유·평등·박애'의 가치는 여전히 흔들림이 없다고 말해주고 싶었다. 언젠가는 파란색 드레스를 입은 소녀가 죽은 이들의 해골에 '희망'이라는 글자를 쓰지 않아도 되리라고. 2 더하기 2는 당연히 4가 되는 날이, 5라고 우기던 이들은 유엔의 안보리에 벌을 받게 될 날이 오리라고. 도시를 봉쇄하고 기아로 고통스럽게 하는 것은 폭격, 사린 가스 공격, 감옥에서의 학대, 강간 행위와 마찬가지로 인류에 대한 범죄다.

나는 이 모든 이야기를 아흐마드에게 해주고 싶었다.

하지만 내일은 또 무슨 일이 일어날까?

내일은 유엔이 손가락이라도 까딱할까?

살인 병기를 멈추게 할 수 있을까?

내일도 이들의 고통스러운 절규가 또 다른 비극으로 지워질까? 다른 위협으로? 다른 충돌로?

내일, 국제사회가 마침내 각성한다고 해도 너무 늦은 것은 아닐까?

오늘은 7월 14일.

다라야가 울고 있다.

고통의 언어들.

종이 위의 사산아들.

수없이 묵살된 편지.

쓰고 싶지 않은 뉴스

2016년 7월 29일.

그것은 절대 쓰고 싶지 않은 뉴스였다. 종이 위에 적으려고 애썼던 단어들.

내가 이스탄불로 돌아왔을 때 이번에는 아흐마드가 나에게 직접 연락했다.

아흐마드는 망연자실한 상태였다.

"오마르가 죽었어요."

나는 목소리가 나오지 않았다. 오마르. 다라야의 이븐할둔. 책을 사랑하던 친구. 다라야 도서관의 반정부 독자! 이 학살의 근거지에서 생긴 또 다른 희생자. 나는 한달음에 아흐마드의 전화번호를 눌렀다. 그에게 조의를 표하고 위로의 말을 건네고 싶었다. 아흐마드가 얼마나 오마르를 아꼈는지 잘 안다. 군인이 되지 않았어야 했던 군인, 다라야의 희망, 오마르.

인터넷 연결이 중간중간 끊어졌다. 나는 대화의 반 정도만 들을 수 있었다. 왓츠앱의 메시지와 메신저를 통한 짧은 대화로, 아흐마드는 지난 며칠 동안 벌어진 일을 되짚어주었다. 끊임없이 이어지는 집중 공습. 새로운 지역에 대한 지상 공격이 벌어졌다. 서부에서, 동부에서, 사방에서 공격이 이어졌다. 주거 지역을 잠식한 것이다. 마지막 남은 농지가 정복되었다. 그리고 마지막 남은 식량이 보관된 지역에 공격이 임박했음을 알게 되었다. 오마르와 반군들은 인원이 부족하고, 무기는 열악했다. 정부군의 탱크와 비행기에 맞선 이들의 무기는 칼라시니코프 자동소총뿐이었다. 하지만 상관없었다. 이들은 공격을 막아야만 했다. 이 공격은 주민에게 치명적일 것이다. 그러니 모든 것을 걸 수밖에 없었다. 적진의 길에 폭발물을 설치하러 가기 위해 기존의 방어선을 넘는 위험을 감수했다. 언덕 꼭대기에 있던 기갑사단 병사들이 이들의 모험을 탐지했다. 대포가 공격을 개시했다. 오마르가 쓰러졌다. 그리고 다시는 일어나지 못했다.

그리고 그날, 아흐마드가 처음으로 울었다.

"오마르가 죽었다는 소식은 충격적이었어요. 억누를 수 없는 슬픔으로, 온몸이 마비된 것 같았죠. 오마르는 혁명의 아이콘이었어요. 평화와 시리아를 위한 미래를 꿈꾸었던 결점투성이 병사였죠."

수화기 너머로 들리는 아흐마드의 목소리는 어느새 목이 멘 흐느낌으로 바뀌었다. 나는 그의 슬픔을, 친구를 잃고 깊게 파인 마음의 공허를 느낄 수 있었다. 영원히 지워져 버린 다라야의 한 장면처럼. 그리고 나는 2015년 가을 인터넷을 통해 화면으로 처음 만났던, 책을 아주 좋아하는 시인이자 명사수였던, 남다른 이 젊은 병사를 다시 떠올릴 수밖에 없었다. 오마르의 휴대전화에 가득 저장된 PDF 복사본들도 기억났다. 그가 배움에 목말라 했던 것도. 정치에 대한 논쟁을 좋아했던 것도. 그에게 선물하고 싶었던 마키아벨리의 『군주론』도. 이제는 읽을 수 없게 된 그 책.

나는 오마르가 말했던 것처럼 '작은 도서관'의 책이 그에게 벗이 되어주었던 전선을 떠올렸다. 나는 그 책들이 먼지가 수북이 쌓인 채 땅바닥에 흩어진 장면을 그려보았다. 아흐마드와 친구들은 모든 것을 앗아간 이 전쟁에서 그중 몇 권이라도 다시 회수할 수 있었을까? 묘지에서 마지막 인사를 나눌 수 있었을까? 푯말에 오마르의 이름을 적을 수 있었을까? 기도문이라도 읊어줄 수 있었을까?

"안타깝게도, 아무것도 하지 못했어요. …… 오마르와 그 곁에서 목숨을 잃은 병사 세 명의 시신도 찾아올 수 없었어요. 정부군이 시신을 가져갔어요. 시신을 볼모로 삼았습니다."

정부는 오마르를 죽이고, 그의 젊음을 앗아가는 것으로 만족하지 않았다. 오마르를 끝까지 조롱하며, 장례도 치르지 않고 그들 곁에 두면서 마지막 안식마저 빼앗았다.

다음 날, 나는 아흐마드에게 다시 연락했다. 나는 아흐마드의 소식을 듣고 싶었다. 아흐마드가 잘 견디고 있는지 확인하고 싶었다. 아흐마드는 밤새 잠을 이루지 못하고 있었다. 친구들과 밤을 새웠다고 했다. 어느 초라한 아파트에 임시로 마련한 오마르의 빈소를 지킨 것이다. 몇 시간 동안 이들은 영상을 돌려보고, 오마르가 그토록 좋아했던 책에 얽힌 기억을 하나씩 떠올렸다. 슬픔을 달래고자 그 책의 몇 구절을 다시 읽기도 했다.

"제가 기억하는 오마르의 이미지는 마지막 순간까지 우리의 혁명을 믿었던 사람이라는 것입니다. …… 오마르는 수많은 계획이 있었어요. 정계로 진출할 수도 있었을 거예요. 그는 결혼해서 가정을 꾸리기를 꿈꿨어요. 전쟁이 끝나기만 하면, 다마스쿠스에 있는 여자친구와 약혼할 계획도 있었어요. 세상을 떠나기 얼마 전에는 후삼처럼 원격으로 수업할 수 있는 로시드대학교에 등록하기도 했어요. 늘 죽음이 가까이 있는 일상이었지만, 오마르는 인생에 대해 한결같은 믿음이 있었어요. 진정한 모범이었죠!"

아흐마드는 생각에 잠긴 듯, 침묵했다. 그의 머릿속에서 수많은 추억이 스쳐갔을 것이다. 고를 수 없을 정도로 추억이 많았다. 주체할 수 없었던 아흐마드는 생각을 제대로 정리하지 못하는 것을 미안해했다. 하지만 수화기를 끊기 전 마지막으로 이렇게 말했다.

"오마르가 최근에 이런 속내를 이야기했어요. 혁명이 엔지니어가 되려 했던 자신의 꿈을 막았지만, 기대하지 못했던 새로운 문을 열어주었다고 말이에요. 그것은 바로 독서를 향한 문이었죠. 글쓰기로 향하는 문이기도 하고요. 오마르는 언젠가 앞으로의 세대를 위해 책을 쓰고 싶어 했습니다. 글쓰기, 그래요, 그것은 더 나은 내일을 위한 글쓰기였죠. 모두를 위한 시리아. 오마르가 믿는 이상향에 대해서 말이에요."

하지만 그 문은 닫히고 말았다. 그리고 펜은 때가 되기도 전에 꺾였다. 전쟁으로 부서졌다.

골짜기에
잠들어 있는 사람

그날 다시 전화를 걸면서 나는 「골짜기에 잠들어 있는 사람(Le Dormeur du val)」을 떠올렸다. 어렸을 때 배운 아르튀르 랭보의 소네트였다.

초록빛 골짜기, 그곳에는 풀밭에 은빛 잔해를
미친 듯이 쏟아내는 강이 노래하네.
태양은 우뚝 솟은 산에서 빛나네.
그것은 햇빛으로 넘쳐나는 작은 골짜기.

한 어린 병사, 입 벌리고 모자도 없이,
싱그러운 푸른 풀밭에 목덜미 담근 채

잠들어 있네. 구름 아래 풀밭에 누워 있네,

빛이 쏟아지는 초록색 침대에 창백한 모습으로.

글라디올러스 꽃에 발들을 묻은 채 잠들어 있네.

병든 아이가 미소 짓듯 웃으며 꿈꾸고 있네.

자연이여, 따뜻하게 그를 재워주기를,

그는 추워하네.

향기에도 그의 콧구멍 떨리지 않네.

햇빛 속에 그는 잠들어 있네, 평온한 가슴에 손을

올려놓은 채. 오른쪽 옆구리에 붉은 구멍 두 개가 있네.

시는 많은 시대를 거치면서도 전해지는 강력한 힘이 있
다. 시를 지을 당시 랭보는 열여섯 살이었다. 프로이센 ·
프랑스전쟁이 한창이던 1870년도였다. 또 다른 시대. 또
다른 전쟁. 또 다른 비극. 만일 랭보가 21세기에 시를 썼다
해도, 시는 변함이 없었을 것이다. 이 시는 지금 다라야의
처지를 이야기한다. 젊은 병사의 죽음과 맞선 저항의 표
현. 마지막 안식을 향한 길에 울려 퍼지는, 평화로운 자연
이 들려주는 선율의 위로.

친구이자 시리아 통역사인 아스마에게 이 소네트를 읽어주었다. 우리는 함께 이 시를 아랍어로 번역하며, 프랑스어 이상의 운율을 만들려고 애썼다. 그리고 시리아의 골짜기에 잠든 오마르를 기리며, 그 시를 아흐마드에게 보냈다.

끝의 시작

오마르의 죽음은 다라야 사람들의 삶에 전환점이 되었다. 오마르가 사라지면서, 다라야 사람들은 마지막 순간이 다가온다는 것을 인식하기 시작했다. 커피 찌꺼기처럼 검은, 새로운 장이 열리는 것이다. 하지만 이들은 최악의 상황이 아직 닥치지 않았다는 사실을 상상조차 하지 못했다.

8월 4일 목요일, 정부군의 헬리콥터가 새로운 맹독인 네이팜탄(Napalm)을 뿌리며 마을을 급습했다. 하루 동안 수십 발의 소이탄이 거주 지역의 건물로 투하되면서 목표물은 거대한 불덩이로 변했다. 화재는 모든 것을 파괴했다. 지나가는 곳마다 남김없이 불태웠다. 벽, 건물, 나무, 식량이 될 풀……. 모든 풍경이 잿더미로 변했다. 건물이 연기에 휩싸였다. 닥치는 대로 부수는 철거 작업. 이는 마지막에 다다른 작전이었으며, 그들은 철저한 계산과 계획으로 땅을 불태우는 것이었다.

포위된 지 1,350일이 지나면서, 이 고립지는 이미 모든 것을 씻어낸 것 같았다. 드럼통 폭탄과 사린 가스도, 로켓이나 폭탄 투하도. 포위된 지 1,350일이 지나면서, 이 고립지는 초상과 기아와 공포를 겪었다. 포위된 지 1,350일 지나면서, 다라야는 점점 드넓은 폐허로 변해갔다. 사방이 잔해의 관이었다. 올리브 나무는 말라버렸다. 죽어가는 삶의 조각들. 그리하여 이제 바샤르 알 아사드는 네이팜탄 사용을 금지한 국제법을 무시하고, 이 마을을 화형에 처하는 결정을 내린 것이었다. 다라야를 굴복시키고 시리아 지도상에서 지워버리려는 대규모 파괴 작전이었다.

점점 더 횟수가 줄어든 아흐마드, 샤디, 후삼과의 대화에서 질문은 같은 것으로 반복되었고 그들은 몇 가지 이모티콘으로 답했다.

"잘 지내?"

"☹"

"힘내!"

"☺"

다시 인터넷이 연결되면서, 가끔 다라야 사진을 몇 장씩 전달받았다. 한때 그토록 비옥했던 땅이 탱크의 공격으로 황폐해진 모습. 재가 되어버린 새싹들. 미치광이가 불태운 책처럼 검게 그을린 거리.

특히, 글을 계속해서 쓰는 것. 세상을 향해 열린 틈을 지켜내는 것. 그곳의 재앙을 알리는 것. 하지만 다른 곳과 마찬가지로 프랑스도 다라야를 외면하고 있었다. 유엔 역시 꼼짝하지 않고 있었다. 정계는 안전 문제에 매몰되어 있었다. 사방에서 다에시에 대한 공포가 커져가고 있었다. 일부 국가에서는 이러한 재앙을 막고자 다마스쿠스 정부와 다시 관계를 회복할 방안을 찾을 것이다. 그렇다면 시리아의 온건 저항파는? 꿈을 깨야 한다. 이들은 이미 오래전에 사라졌기 때문이다! 시간이 지나면서 모래시계는 바샤르 알 아사드에게 유리하게 흘러가고 있었다. 아사드는 아무런 방해 없이 다라야를 주시하면서, 어떤 제재도 받지 않고 화염을 방사한다. 『화씨 451』을 기억하는가? 일소(一掃)를 위한 방화. 인간성 말살을 위한 방화……

8월 16일, 한여름에 모든 사람이 두려워하던 악몽이 현실이 되고 말았다.

"병원에 네이팜탄이 떨어졌어요!"

그날 후삼이 왓츠앱으로 이 사실을 알려주었다. 헬리콥터가 소이탄을 마을의 마지막 남은 보건진료소에 투하했다고 한다. 이 공격으로 네 명이 다쳐서 곧 이송되었다. 끝의 시작인가? 사흘 후, 네이팜탄이 실린 네 개의 드럼통 폭탄이 또다시 병원의 남아 있던 숙소 건물에 투하되었다. 이번에는 이 대형 건물이 화염에 휩싸였다. 환자들은 위험에서 벗어난 대피소로 긴급히 이송되었다. 캄캄한 대피소에서 스마트폰의 불빛은 상처를 비추는 데 사용하고, 저마다 임시방편으로 간호사·상담가·간단한 조명 기술자 등이 되었다.

놀라운 연대가 형성되었다. 부모들은 서로 교대해가며 이른 아침, 폭격이 시작되기 전에 아이들에게 바람을 쐬주었다. 여성들은 눈물을 속으로 참으며 콧노래를 흥얼거렸다. 모스크는 멀리 떨어져 있었는데, 기도는 자주 방해를 받았다. 민간인인 이들은 무자비한 제4기갑사단의 탱크에 맞서 다라야를 지켜내고자 난생처음으로 자유시리아군의 전선에 가담했다.

하지만 명백해진 사실을 인정해야 했다. 다라야는 궁지에 몰리고, 화형을 당했다는 사실을.

"지금 우리에게는 모든 것이 부족해요. 식량도, 병사도,

우리를 지켜줄 폭탄도 며칠이면 바닥날 거예요." 후삼이
이러한 사실을 인정하듯 말했다.

피로와 절망으로 고통스러워하며 다라야가 죽어간다.
다라야는 포위되고 나서 처음으로 정부 측과 비밀 협상을
시작했다.

"우리의 우선 과제는 민간인을 구하는 것입니다. 지역 의
회와 자유시리아군은 정부 권력과 합의하는 구상을 받아
들였습니다. 철수 계획이 의제에 올랐습니다. 하지만 협상
은 제자리걸음이고, 아무것도 확신할 수 없는 상황이에요."

그렇다면 후삼은 어떻게 버텨낼 수 있었을까?

"아, 저요. 죽을 날짜만 세고 있죠." 후삼이 신경질적인 웃
음을 터뜨렸다.

아흐마드 역시 오마르가 세상을 떠난 뒤로 부쩍 운명론
자가 되었다.

"이제 밤이든 낮이든 차이가 없어요. 우리는 녹초가 되
어 아무 생각도 할 수 없어요. 지하에 있는 미디어센터 사
무실에서 대부분 시간을 보냅니다. 곳곳에 죽음이 도사리
며 우리를 노리고 있어요." 아흐마드가 털어놓았다.

이들은 이제 유엔에 아무것도 기대하지 않았다. 언젠가
마을의 폐허 속에서 이들의 해골을 수습하러 오는 것이나

기대할 수 있을까. 혹은 벌써 화재로 잿더미가 되고 나서라면 모를까.

또다시 생존의 문제로 농담을 주고받았지만 현실은 한층 더 어두워졌다. 반군의 구호 가운데는 이런 조롱이 있었다. "우리는 다라야의 네이팜탄 열기가 다마스쿠스에 있는 유엔 대표단의 좋은 시간을 망쳐놓지 않기를 바랍니다." 단호하고도 씁쓸한 말이었다. 글자들은 차례차례 꼿꼿이 서서, 카메라 앞에서 흔드는 팻말 위에 정확히 왼쪽에서 오른쪽으로 나란히 정렬해 있었다.

"어쩌면 반어법이 우리의 마지막 방패 같아요. 절망이 밀려올 때 우리는 농담하거나 셸리(shelli)를 해요." 아흐마드가 한숨을 내쉬었다.

"'셸리'라고?"

"네, 이런저런 수다를 떨 때를 여기서는 그렇게 말해요. 말하자면 잡담하는 시간이죠. 마음을 달랠 수 있는 평범한 일상이랄까. 방패막이죠."

셸리……. 그 말이 내 입에 계속 맴돌았다. 익숙한 느낌이다. 셸리. 그날 저녁, 다시 전화를 걸면서 나는 무스타파 칼리파를 생각했다. 『알카와카(Al-Qawaqa'a)』, 『껍질(La Coquille)』, 영어로 하면 『셸(The Shell)』. 무의식적이나마 '셸리'와 연관이 없다고 할 수 없었다. 언어의 방탄복. 그 유명한 보호막, 폭력에 맞선 갑옷. 전쟁이 마지막 말을 불태울 때 화염 속에서 터져 나오는 언어의 홍수.

진짜 삶이 있는 곳으로

2016년 8월 27일.

아침 9시, 결국 우리가 각오해왔던 그 메시지가 내 스마트폰 화면에 떴다.

"우리는 떠나요. ☹"

아흐마드가 새벽에 서둘러 짐을 꾸리며 메시지를 보낸 것이다. 그 전의 몇 주 동안 나는 친구 아스마와 계속 교대해가며, 다라야의 젊은이들과 최소한의 연락이라도 유지하려고 노력했다. 한밤중에 개똥벌레의 불빛처럼 멀리서 보내는 보잘것없는 응원이지만 그들을 안심시키고자 소소한 말들을 건넸다.

사흘 전, 고립지에 고요한 아침이 찾아왔다. 그때가 6시

무렵이었다. 비행기도, 포격도 없었다. 익숙지 않아 불안한 정적이었다. 또 다른 비극의 신호 같았다. 그때 정부 측의 밀사가 마을에 침입해서 주민을 향해 최후통첩을 보낸 소식이 순식간에 퍼지기 시작했다. 그것은 생매장을 당하고 싶지 않으면, 가능한 한 빨리 다라야를 떠나라는 내용이었다. 저명인사들과 저항 세력이 무장도 해제하고, 병사들을 위해서 다라야에 살 권리를 협상하려던 시도는 물거품으로 돌아갔다. 여전히 반군이 장악하고 있던 다라로 이주할 권리도 얻지 못했다. 난항을 거듭한 협상 끝에, 저항 세력은 항복할 수밖에 없었다. 이들의 도시는 굴복해야만 했다.

"상황이 절망적이었어요. 어떻게든 가족을 살리고, 마지막 희생만큼은 막아야 했죠. 더는 먹을 것도, 스스로 방어할 무엇도 남아 있지 않았어요. 정부는 온 들판을 불태웠어요. 선택의 여지가 없었죠. 떠나든지 죽든지 둘 중 하나였어요." 아흐마드가 이어진 문자메시지로 전했다.

8월 26일, 정전협정이 신속하게 효력을 발휘했다. 민간인을 태우러 오는 버스들이 마을 초입에 모였다. 한 손에는 낡은 천 가방을 들고 한 손에는 아이 한두 명의 손을 잡은, 약 7,500명의 남녀가 대피소에서 쏟아져 나왔다. 얼굴이 창백하고 남루한 옷을 입은 이들은 폐허가 된 자신의 마을을 마지막으로 지나갔다. 그리고 정부군의 복수심 가득한 시선을 받으며, 차에 올라탔다. 차를 호위한 시리아 적십자는 남쪽으로 수 킬로미터 떨어진 사나야 인근 지역까지 이들을 안내했다. 다라야에서 끔직한 학살이 일어난 지 정확히 4년 만에 강제 퇴거가 시작된 것이다.

8월 27일, 다라야의 반아사드 전사 중에 약 700명이 핵심 운동가들과 함께 있었다. 하지만 이들의 목적지는 좀 더 멀었다. 다마스쿠스는 최종적으로 이들을 반아사드가 장악하고 있던 이들리브(Idlib) 지역으로 보내기로 했다. 그곳은 북서쪽으로 300킬로미터 떨어져 있었다. 총 서른 대의 버스가 삼엄한 경계 속에서 이들을 낯선 곳에 내려놓을 채비를 했다.

왓츠앱으로 문자메시지와 음성 통화를 오가며 나눈 대화에서, 아흐마드는 후삼과 샤디와 더불어 두 번째 대열에 들어가기로 했다고 전했다.

"우리는 민간인이 안심하고 떠날 수 있도록, 강제 퇴거가 사고 없이 안전하게 이루어지기를 바랐습니다. 우리는 민간인들과 특히 아이들이 죽는 일이 없기를 바랐어요. 여기에 남아달라고 그들이 요청한 건 아니에요. 우리가 자발적으로 다라야에 머물기로 한 거죠. 끝까지 우리의 책임을 다하고 싶었어요."

이들의 헌신에는 끝이 없었다. 그 뒤 며칠 동안, 이들은 지옥의 대기실에 있는 것처럼 죽음의 위협을 느꼈다. 마음속에서는 공포가 밀려와도 이들의 책임감은 조금도 약해지지 않았다.

지금은 11시. 내 휴대전화에 새로운 생사의 소식이 전해졌다. 이번에는 후삼이었다.

"드디어 됐어요. 이제 우리도 출발하는 대열에 편성되는 중이에요. 아수라장이긴 해요. 다들 서 있어요."

마지막 대화를 나눈 뒤 반아사드 전사들은 간단한 무기, 즉 칼라시니코프 자동소총을 소지하고 나갈 수 있는 허가증을 최종적으로 받았다. 후삼은 안도했다.

"이 무기는 일종의 보호 장비일 뿐만 아니라 심리적 안정도 줘요. 무슨 일이 기다릴지 누가 알겠어요. 그들이 우리를 체포할 수도 있잖아요? 우리를 처형할 수도 있고요."

버스가 멈춰 섰을 때 다마스쿠스의 인터넷에 몰래 접속한 후삼이 왓츠앱으로 털어놓았다.

몇 분 뒤, 후삼이 나에게 현장에서 찍은 사진을 보내주었다. 창백한 얼굴에 메마른 입술의 생존자들은 콘크리트 건물의 한구석에 모여 있었다. 이들의 옷에는 먼지 막이 덮여 있었다. 발치에는 초라한 짐이 놓여 있었다. 때로는 낡은 밀가루 부대가 보따리를 대신하기도 했다.

후삼은 배낭 하나로 만족했다. 부랴부랴 꾸린 그의 고달 픈 짐에는 기본적인 것만 들어 있었다. 바지와 티셔츠 몇 벌 그리고 노트북 컴퓨터.

"물론 제이나가 준 책도 두 권 넣었죠." 후삼이 덧붙였다.

나머지는 모두 두고 왔다. 재떨이에 있던 담배꽁초, 설 거지를 못한 그릇들, 최근에 친구들과 피신해 있던 미디어 센터 근처의 아파트에 깔아둔 매트리스. 서두르는 중에도 후삼은 마지막으로 생존을 위해 반사 신경을 발휘했다.

"저는 수첩을 다 찢고 혁명에 관한 서류는 모두 불태웠 어요. 팸플릿이며 슬로건도 모두요. 아쉽지만 다 가져올 수가 없었어요. 그렇다고 정부 측 요원들에게 우리의 흔적 을 남겨두는 건 말이 되지 않았죠."

버스가 출발하는 지점에 집결하기 전, 후삼은 묘지에 멈 춰 섰다. 봉쇄령이 내려진 뒤 4년 동안 끊임없이 길어진 띠 모양의 이곳에서 후삼은 아흐마드, 샤디 그리고 다른 사람들을 만났다. 한때 친구·동료·전사·이웃이었지만 전 쟁과 폭격으로 목숨을 잃은, 다라야의 약 2,000명에 달하 는 희생자에게 마지막 작별 인사를 고했다.

거의 오후 5시가 다 되었을 때였다. 세 시간이 넘도록 기다린 끝에, 마침내 차량이 출발을 준비했다.

"곧 출발해요!" 문자가 도착했다.

나는 버스 안에서 찍은 사진 한 장을 받았다. 역광에서 찍은 셀카 사진은 흐릿했다. 하지만 줄지은 파란색 좌석에 앉은 그들의 핼쑥한 안색은 분명하게 알아볼 수 있었다. 풍파를 겪은 흔적이 얼굴에 남은 이들은 모두 셔츠를 입고 있고, 피로와 열기로 지친 표정이었다. 무리 중에서는 후삼만 꿋꿋하게 평소의 장난기 어린 미소를 짓고 있었다. 하지만 후삼의 얼굴이 그토록 초췌해 보인 적이 없었다.

버스가 출발하기 전 다라야에서 보내온 사진은 그것이 마지막이었다.

몇 시간 동안 문자메시지 대신 또다시 침묵이 흘렀다. 고무줄처럼 늘어나는 이 기다림의 시간은 익숙하면서도 참기 힘든 것이었다. 300킬로미터의 긴 여정이다. 검문소가 늘어서 있고, 산탄에 파인 도로와 전쟁의 예기치 못한 상황으로 막히는 길이 있으리라는 것을 고려해야 한다. 정부 측의 밀착된 호송과 헬기의 위협적인 날개 밑에서 이루어진 300킬로미터의 여정.

그때 첫 번째 생사의 신호가 도착했다. 예상치 못한 전화였다.

"이들리브에 도착했어요!"

후삼이 소식을 알려왔다. 그곳에서 그는 고아였다. 하지만 살아 있다는 것에 안도했다. 8월 28일 오전 7시 무렵이었다. 무척 피로할 텐데도 이 젊은 친구는 이미 농담할 여유가 있었다.

"맞춰보세요. 사람들이 저를 깨웠을 때, 다짜고짜 통닭구이를 달라고 했어요! 통닭 먹는 꿈을 엄청 많이 꿨거든요. 그런데 친구들 대답이 지금은 아침 먹을 때라잖아요. 그걸 먹으려고 4년을 기다렸는데 말이에요. 그러니까 네 시간 더 기다리는 건 문제없어요!"

후삼의 웃음소리는 전염성이 있었다. 그의 뒤에서 한바탕 즐거운 웃음소리가 메아리쳤다. 나는 자동차 경적과 야채를 파는 수레들이 지나가는 소리, 흥정하는 행인의 목소리 등을 들었다. 삶, 진짜 삶이었다. 폭음으로 끊기지 않고 대화를 나눈 것도 처음이었다.

통화한 뒤에는 사진도 전송을 받았다. 철수하는 동안에도 샤디는 떠나기 직전에 배낭에 넣어둔 미디어센터의 카메라로 촬영하고 싶은 유혹을 거스르지 못한 것이었다.

나는 샤디가 전송해준 영상을 열어보았다. 조금 깨진 버스 유리창 너머로 국방색 전투복을 입은 정부군을 알아볼 수 있었다. 이들의 위협적인 눈빛과 냉담한 얼굴도. 엉클어진 가지를 늘어뜨린 종려나무를 스치며 출발한 버스는, 부러진 긴 팔처럼 생긴 도로를 달렸다. 사방에 돌무더기가 있었다. 집들은 밀푀유처럼 납작하게 무너져 있었다. 전쟁의 참상을 대신 보여주는 단면이었다.

그러다가 검문소를 하나 지나면서 풍경이 갑자기 바뀌었다. 팻말에 '메제'라고 쓰인 글자를 읽으며 나는 몸이 떨렸다. 그곳은 다라야의 저항 세력을 궁지에 몰아넣고자 악착같이 따라다니던 제4기갑사단이 있는, 악명 높은 군사 지역이었다.

정부가 통제하는 이 지역의 도로는 완벽하게 아스팔트가 깔려 있었다. 건물들은 끝이 보이지 않게 줄지어 서 있었다. 발코니에서 버스 행렬을 호기심 어린 눈빛으로 조용히 내려다보는 이들도 있었다. 행렬이 잠시 멈췄다가 다시 출발했다. 밖에서는 자동차들이 번쩍거렸다. 눈길을 끄는 상점의 간판 중에는 외국 가전제품 회사의 것도 몇 가지 보였다. 멀리 복수심에 가득 찬 바샤르 알 아사드의 초상화가 걸려 있었다.

화면이 또다시 멈췄다. 이번에는 투르 드 프랑스*(Tour de

France)의 우승권 선수들이 도착할 때처럼, 버스가 지나갈 때 손뼉을 치는 구경꾼의 행렬을 비추기 위해서였다. 이는 앞의 모습과 묘한 대조를 이루었다. 거리의 사람들은 손가락으로 승리의 '브이(V)' 자를 그리며 행복감에 젖어 있었다. 남자들은 박수를 치고 있었다. 여자들은 울기 시작하고, 아이들은 환영의 플래카드를 흔들었다. 곳곳에 미소로 빛나는 밝은 얼굴들이 있었다.

"이곳이 이들리브예요." 샤디가 말했다.

이들리브, 그들이 최종 목적지.

긴 여정의 종점. 험난한 모험의 끝.

---

* 프랑스 전역을 일주하는 사이클 대회

평화의 언어

다라야에 강제 철수가 이뤄진 지 2주가 지난 12월 12일, 한 영상이 유린된 봄의 마지막 일면을 담는 데 성공했다. 그 영상은 정부의 공식 카메라로 세심하게 찍은 것으로, 유령도시처럼 적막한 거리를 으스대며 걷는 자신만만한 바샤르 알 아사드의 모습을 담았다. 쉰한 살이 된 다음날 이 공교롭게도 이슬람의 축제일인 이드알아드하('Īd al-Adhā) 와 겹친 그는 아주 특별한 선물을 받은 것이었다.

정치 자문 위원과 군 장교, 종교 지도자의 무리에 둘러싸인 아사드는 먼저 합동 기도를 하고, 극적인 음악을 배경으로 유령 같은 도시의 앙상한 골조 앞에서 자세를 취했다. 입술에는 미소가 번졌다. 밝은 회색 정장에 단추를

푼 셔츠 깃 사이로 고개를 꼿꼿이 세운 아사드는 늘 하던 메시지를 되풀이했다. "우리는 테러리스트의 손에서 시리아 구석구석을 되찾고자 결단했습니다." 그러고 나서 똑같은 군대식 어조로, '외세의 음모'에 희생양이 된 '매국노'와 '반역자'에게 고했다. "우리는 그들이 혁명 초기에 추구했던 억지스러운 자유가 아닌 진정한 자유를 회복하려고 여기에 있습니다." 아사드가 힘주어 말했다. 4년 동안 그의 연설은 한 글자도 바뀌지 않았다. '안전', '재건' '국위' 등의 거짓된 표현으로 짜깁기한 서사였다.

'다라야'라는 이름은 그렇게 매장되었다. 한밤에 홀로 맞선 다라야. 정치 선전이라는 군화에 짓밟힌 곳. 도시의 잔해와 수백 명의 희생자에 대해, 이야기가 꼬리를 물고 이어진다. 복수심에 차 있고, 호전적이며, 억양도 없고, 승리에 취한 듯한 어조로 바샤르 알 아사드는 다라야 폭격을 마치 대테러 수단인 양 이야기했다. 혹은 자기방어의 일환이었던 것처럼. 아사드의 주장에 따르면 강제 퇴거 조치는 시리아 영토를 재편하려는 것이라기보다 생명을 구하려는 필연적인 선택이었다. 아사드는 이제 시리아가 과거의 명성을 회복할 때라고 했다. 국권을 지켜야 하며, 국가는 주권을 확고히 하고, 국민은 군대로 복귀할 때라고 했다. 죽느냐 사느냐의 문제이며, 나라의 독립을 위해 싸울 때라고 했다. 명성을 드높이고, 나 자신을 되찾는 것과 혼란을 유지하는 것 두 가지 선택지에서 택해야 한다고 했다.

새로운 어휘들이 다라야를 점령해 나갔고, 도서관에 관한 새로운 소식들이 정복된 고립지에서 새어 나오기 시작했다. 아흐마드가 걱정했던 것과 달리, 책은 불타지 않았다. 하지만 더 나쁜 상황인지도 몰랐다. 이 은밀한 광장을 찾아낸 뒤, 정부군이 책을 다마스쿠스의 벼룩시장에 싸게 팔아넘기고자 약탈해갔기 때문이다. 헐값이 매겨진 문화. 다라야의 유산을 지키려고 노력했던 4년이 동전 몇 푼으로 바뀌었다.

"저는 다마스쿠스의 친구들한테 소식을 들었어요. 그들은 우리가 책의 맨 앞장에 표시해둔 소유자 이름 덕분에 그 책을 쉽게 알아보았다고 해요." 아흐마드가 이들리브의 새집에서 소식을 전해주었다.

아흐마드는 나에게 무너진 지하 공간의 사진을 보내왔다. 정부 측이 지키는 가운데 다라야에 들어간 소수의 기자 중 한 명이 찍은 사진이었다. 나는 그 은폐된 공간을 알아보았다. 완벽하게 정렬된 선반과 벽을 따라 길게 놓인 책장들. 그중에 절반은 비어 있었다. 남은 책들은 아무렇게나 나뒹굴고 뿌옇게 먼지가 덮여 있었다. 가구에서 떨어져 나온 서랍들은 바닥에 흩어져, 땅에 널브러진 책과 뒤섞여 있었다. 사진의 구석에서는 전투복을 입은 한 병사가 책의 잔해를 밟으며 지나가고 있었다. 그는 신분이 노출되지 않도록 렌즈에 등을 돌리고 서 있었다. 그의 공격적인 실루엣은 다라야의 첫 번째 사진을 기억나게 했다. '시리아 사람들'이라는 제목의 사진. 그때의 평온함과는 너무나 큰 대조를 이루었다. 책 전달자들이 실어 나르던 희망과 함께, 더 나은 세상을 향한 꿈. 행간을 뚫고 나온 불확실한 미래.

나는 아흐마드에게 물었다.

"그래서 끝났어요?"

그의 대답은 즉각적이었다.

"물론 아니죠! 한 도시를 무너뜨릴 수는 있지만, 생각은 무너뜨릴 수 없죠!"

아흐마드가 말을 이었다.

"정부 측이 다라야에서 혁명의 긍정적이고 지적인 흔적을 모두 지우려 애썼어요. 아사드에게는 교양이 있고 교육을 받은 사람은 위험한 존재입니다. 그것은 기존 질서에 대한 도전을 뜻하기 때문이죠. 하지만 저는 이 비극에서 많은 것을 얻은 느낌이 들어요. 아무도 저를 함부로 할 수 없다는 것을 기억해요. 저는 이렇게 자유로운 느낌이 든 적이 없어요."

깊은 생각 끝에 아흐마드는 큰 영감을 얻었다. 그는 끝나지 않았다. 아직은 그랬다. 아흐마드는 5년 전만 해도 책을 별로 좋아하지 않았지만, 이제는 나에게 포위 기간에 읽었던 수많은 책에서 알게 된 역사적 사실을 예로 들 정도였다. 그는 바그다드의 큰 도서관이 무너진 사건을 이야기했다. 이 사건은 몽골의 침입 당시로 거슬러 올라간다. 지금으로부터 까마득한 옛날, 그 당시 새로운 정복자들은 의학이나 천문학을 다룬 수많은 책을 약탈해 티그리스강에 던졌다.

"그때 사람들은 강물이 잉크를 너무 많이 마셔서 색이 변했다고들 했죠." 아흐마드가 말을 이어갔다.

비록 버려졌어도, 책은 지워지지 않는 잉크로 강물을 물들이며, 강의 색을 바꾸어놓았다는 상징적인 비유였다. 비록 그들은 잊힐지라도, 언어를 통한 저항은 남는다는 비유다.

그 이야기는 최근의 또 다른 이야기를 떠오르게 했다. 이번에는 내가 그에게 이야기를 들려주었다. 그것은 베를린의 베벨 광장(Bebelplatz)에서 일어난 사건이었다. 때는 1933년 5월 10일. 하룻저녁에 히틀러 정권은 나치 군대가 압류한 수천 권의 반체제 작품을 이 광장에서 불태우게 했다. 이때 제물이 된 작품에는, 체제 전복을 꾀한다고 판단된 슈테판 츠바이크(Stefan Zweig), 카를 마르크스(Karl Marx), 베르톨트 브레히트(Bertolt Brecht) 혹은 지크문트 프로이트(Sigmund Freud)의 책이 들어 있었다. 그날 밤, 정권의 선전을 맡은 괴벨은 신세계의 창조에 관한 담화를 발표했다. 정권에 반대하는 책이란 존재할 권리조차 없는 세상이었다.

그 후 수십 년이 흐른 1995년, 이스라엘의 조각가 미하 울만(Micha Ullman)이 이 장소를 다시 찾았다. 울만의 부모는 독일의 수도를 떠나온 사람들이었다. 울만은 책을 불태운 만행을 기억할 수 있도록, 광장의 포석 아래를 파서 가공의 도서관을 만들었다. 땅을 파고 유리판을 덮어서 만든 공간은 일부러 비워두었다. 내려갈 수도, 들어갈 수도 없었다. 텅 빈 책장들만 놓인 50제곱미터의 지하 공간을 자세히 살펴보려면 몸을 숙여야 했다. 지금 그곳은 '침몰한 도서관(Versunkene Bibliothek)'이라는 이름으로 유명하다.

베를린에서처럼 다라야도 언젠가 그들의 베벨 광장을 가질 수 있을까? 내일, 모레 혹은 반세기 후 이 책으로 된 동굴은 어떻게 기억될까? 한때 맛있는 청포도로 유명했던 이 혁명의 도시는 정말 소문에 들리는 것처럼, 허물어진 집들이 싹 밀려버리고 군사기지로 바뀌는 것일까?

강제로 포위되었던 4년 동안, 바샤르 알 아사드는 이 도시에 대해 진실을 왜곡하려고 악착같이 애썼다. 들판은 불태우고, 풍경은 이제 알아볼 수 없게 해버렸다. 그들의 문장에서 마지막 음절까지 지워버렸다. 하지만 나는 무슨 일이 있더라도, 시리아의 이 젊은 영웅들에게 우리가 함께 나눌 불굴의 역사가 있다고 생각한다. 폭격으로 말미암은 파괴에 맞서서 이들이 구해낸 것은 책뿐만이 아니었다.

그들은 언어를 자기 것으로 확립하고, 구문(句文)을 만들어 나갔다. 이들은 언제나 말의 힘을 믿었다. 누구도 물리칠 수 없는 힘이었다. 이들은 침묵을 깨뜨리고, 다시 이야기를 시작했다. 평화의 언어를 만들었다. 책으로, 구호로, 잡지와 그래피티 그리고 창작 문학으로 이들은 군대의 수사법에 끝까지 저항하며 폭격의 리듬과는 전혀 다른 리듬을 만들어냈다. 언어는 전쟁의 비열함을 초월했다. 오는 세대를 위해, 갈 곳 없이 방황하던 말들을 기록했다.

2017년 8월 26일, 이스탄불.

나는 같은 꿈을 자주 꿨다. 달콤하고 이상한 꿈이었다. 지금은 동화 구연 시간. 사마라와 나는 포석이 깔린 이스 탄불의 골목길을 총총걸음으로 건넜다. 탁심 광장과 시미 트를 파는 상인들이 우리가 지나가는 모습을 지켜보았다. 머리 위로는 갈매기들이 여름을 향해 날아가고 있었다. 이 스티클랄 거리의 초입에 있는 프랑스문화원의 정문은 그 때까지 폐쇄되어 있었다. 건물로 들어가려면 인근 거리에 있는 보안장치를 통과해야만 했다. 중앙의 정원 끝에 있 는 미디어자료실로 통하는 문은 변함이 없었다. 원형의 책 마당으로 내려가는 계단의 전등 위에 누군가 '희망'이라는 말과 함께 만다라를 붙여놓았다.

계단을 내려가니 우리를 기다리던 동화 구연가 쥘리가 검지를 입술에 댔다. 그러더니 "깜짝 놀랐죠!"라고 외쳤다. 안으로 들어가자 아이들을 위한 벤치 맞은편에 세 명의 어른이 서 있었다. 나는 바로 아흐마드, 샤디, 후삼의 실루엣을 알아볼 수 있었다. "어린이 여러분에게 아주 특별한 비밀 도서관 이야기를 들려주려고 왔어요." 그들은 어린 청중에게 속삭이듯 말하고, 아이들은 곧 이야기에 빠져들었다. 이야기가 끝날 무렵, 어린 청중은 백지로 된 책을 선물로 받았다. 거기에는 누구나 자유롭게 그들이 경험했던 다라야의 이야기를 쓰거나 그릴 수 있었다.

내 꿈에서, 시리아에 있는 대화 상대자들의 모습은 아주 분명했다. 최근 몇 년 동안 온라인으로 수없이 대화를 나눌 때도 그들의 피부 모공이나 섬세한 특징, 눈동자의 색을 그렇게 또렷하게 알아본 적이 없었다. 모든 상세한 모습이 거기에 있었다. 목소리, 몸짓, 얼굴의 주름 하나까지.

내 꿈은 이제 폭격의 틈을 비집고 짧게 나누던 대화에 영감을 얻은, 저 멀리 떨어진 공상이 아니기 때문이었다. 내 꿈은 현실의 연장이 되었다. 터키 땅에서 이뤄진 예기치 못했던 재회와 굳건한 우정의 기반이 된 최근 대화의 연장선이었다.

그들이 서둘러 다라야를 떠난 지도 벌써 1년이 흘렀다. 또한 그들이 그동안 보고 경험했던 부조리에 거리를 두려고 했던 1년이었다. 스마트폰의 화면과는 다른, 눈앞의 세상과 인생을 직시하고자 했다. 여행도 하려고 노력한 시간이었다. 이들은 한 명씩 자신의 껍질을 천천히 깨뜨리고, 시리아 국경 너머로 난 길을 향해 나아가고 있었다.

샤디는 처음으로 국경 너머에 발을 들인 인물이었다. 2016년 10월, 샤디는 터키 남동부의 하타이(Hatay) 지방에 있는 레이한리(Reyhanli)에 도착했다. 자국 내에 250만 명의 시리아 난민을 수용한 터키의 앙카라 당국은 샤디가 손 수술을 받을 수 있도록 통행증을 주었다. 샤디는 첫 번째 진료를 마치고 나서, 난민들의 플랫폼으로 변한 터키의 작은 마을 카페에서 나와 만나기로 약속했다. 나는 도착하자마자 왼팔에 두른 붕대로 샤디를 곧 알아보았다. 샤디는 가죽 재킷을 입고, 포마드를 바른 살짝 짧은 머리를 하고 있었다.

비록 전날 헤어진 것처럼 익숙한 기분이었지만, 그를 '실제로' 본다는 것이 좀 낯설게 느껴졌다. 알레포 출신의 시리아인 종업원이 우리를 작은 탁자로 안내하고 나서, 두 개의 찻잔을 놓았다. 샤디는 다치지 않은 오른손으로 어깨에 메고 있던 가방을 열었다. 다라야에서 가져온 귀한 물건 중의 하나였다. 샤디가 가방 속에서 물건 하나를 꺼내탁자 위에 얹어놓았다. 그것은 바로 카메라였다. 샤디의 생명을 구해주었던 카메라. 나는 아무 말도 하지 않았다. 재난에서 살아 돌아온 사람을 보듯, 검게 탄 물건을 응시했다. 샤디가 아직도 케이스를 뒤덮고 있는 먼지를 천천히털어냈다.

"어떻게 지냈어요?"

샤디는 내 질문을 듣지 못한 것 같았다.

"다라야는 상징과도 같았어요. 이 카메라는 그 증인이죠. 아쉽게도 전 세계는 우리를 포기했지만요……." 샤디가 말했다.

샤디는 차탁에 앉아서도 마을의 고통을 짊어진 듯 얼굴에는 피로한 기색이 역력했다. 나는 샤디에게 바샤르 알아사드의 영상을 보았는지 물어보았다.

"무슨 쇼람!" 샤디가 말을 던졌다.

샤디는 다시 몸을 숙여 가방을 뒤졌다. 가방에는 하드디스크가 가득 들어 있었다. 4년간의 포위 속에서 무사히 지켜낸 사진과 영상들이었다.

"다라야에 대해 제가 기억에 담고 싶었던 것들이 이런 장면이에요. 결속된 하나의 집단. 미래를 건설하려는 공동의 바람. 새로운 생각을 지켜내는 것. 우리는 하나였어요. 결속과 연대감. 다른 도시에도 본보기가 될 수 있는 특별한 경험. 다라야는 단순한 장소가 아니라 하나의 정신입니다."

샤디는 추억에 빠져들었고, 눈빛에는 향수가 깃들었다. 샤디는 다라야의 이야기를 모험담처럼 말했다. 다시 시작해야 한다고 해도 조금도 망설이지 않을 것이라고 말했다.

"요즘 바샤르 알 아사드는 우리를 패배자로 만들려고 애씁니다. 하지만 그렇게 무자비한 포위 공격 속에서 4년을 버텨낸 것만으로도 저는 이미 대승을 거둔 것이라고 생각해요."

우리 뒤에서 한 여자 손님이 빵집이기도 한 이 작은 카페의 문을 열고 들어섰다. 양팔에 선물을 한 아름 안고 있던 그 손님은 딸의 생일을 위해 '눈의 여왕'과 '백설 공주' 모양의 케이크 중에 무엇을 고를지 몰라 고민하고 있었다.

"더 힘든 건 그다음이에요." 샤디가 다시 이야기를 이어갔다. "지금은 평범하게 살아가는 법을 배워야 해요. 비행기를 봐도 떨지 않고, 고요 속에 잠드는 법을 배워야 하죠. 갑자기 모든 것이 불변하고, 영원히 약속된 것이 되었어요. 모든 것이 변했어요, 시간과 공간의 개념도. 두려움도, 위협도 없이 잘 준비된 인생이라니. 혼란스러울 만큼 단순한 거죠."

몇 주가 흐른 뒤, 나는 샤디의 소식을 들으려고 전화를 걸었다. 외과 수술은 잘 끝났다고 했다. 샤디의 손가락은 처음의 운동성을 회복했다. 의사는 그에게 물리치료를 처방했다. 회복을 위해 샤디는 몇 년 전 부모가 이주한 이스탄불로 잠시 거처를 옮겼다. 샤디의 어머니는 그에게 생선을 많이 먹게 하고, 아버지는 시리아로 다시 가려는 그를 말렸다. 하지만 샤디는 자신이 돌아가야 할 자리가 거기에 있다고 확신했다. 우선은 터키어 강의에 등록하고, 학업도 재개할 생각이었다. 한 달에 한 번 나와 만나서 커피 한 잔을 마시며 다라야의 추억을 그리며 셸리를, 즉 수다를 떨었다.

나는 드디어 '우스타즈'를 만나게 되었다. 다라야가 포위되었을 때 수없이 온라인 대화를 시도했지만 실패한 뒤에, 2017년 1월이 되어서야 이스탄불에서 만날 수 있었다. 우스타즈는 잠시 터키에 휴식하려고 왔다. 탁심 광장의 한 레스토랑에 앉아 있던 무함마드 시하데는 내가 생각한 그대로였다. 조용하고, 신중하며, 시간과 말에 관대했다. 우스타즈는 그 세 시간 동안 다라야의 시민 참여가 기원했던 때로 돌아갔다. 1990년대로 거슬러 올라가는 이 특별한 사건에서 그는 주동자 중의 하나였다. 그가 좋아하는 책에 대해, 마흐무드 다르위시의 시와 그가 영향을 받았던 자기계발서에 관해서도 이야기를 나누었다. 우스타즈의 이야기를 들으면서 다라야의 젊은이들에게 그가 끼친 긍정적인 영향력을 더 잘 이해할 수 있었다. 그곳의 젊은이들이 그에게 얼마나 빚을 지고 있는지 이야기하자, 그는 얼굴을 붉혔다.

"아, 오히려 그 친구들이 저에게 많은 것을 가르쳐주었어요. 저는 매우 진지한 사람입니다. 그들은 저보다 훨씬 더 재미있는 친구들이었죠. 그들과 함께 있으면, 걱정거리를 잊어버리곤 했어요."

하지만 포위 공격의 트라우마는 역설적으로 더 극복하기 어려운 다른 걱정으로 바뀌었다. 즉, 장래를 어떻게 생각할 것인가? 시리아를 분열하게 하는 대립을 어떻게 이해할 것인가? 2011년 혁명 세력의 운명이 이들과 점점 더 멀어질 때 어떻게 비관론에 빠지지 않을 것인가?

"포위된 상황에서는 무척 어려웠는데도 우리는 무언가 확고한 희망을 품고 살았어요. 그런데 갑자기 새로운 현실이 닥친 거예요."

그리고 우스타즈는 내가 잊지 못할 말을 남겼다.

"포위 공격은 역설적으로 우리를 급진적 시도로부터 보호해주었어요. 포위된 덕분에 다라야의 정신이 깨어 있을 수 있었습니다. 우리는 4년 동안 우리끼리 지냈어요. 그것이 항상 쉬운 일은 아니지만, 우리는 늘 대화를 통해 분쟁을 해결했죠. 외부의 공격은 없었어요. 조작하려는 시도도 없었고요. 외국의 개입도 없었죠. 독특한 경험이었어요."

이것은 외세나 지방의 권력층으로부터 자신의 분파나 이권, 밭 몇 뙈기를 지키려고 했던 시리아의 다른 지역과는 다른 양상이었다. 다른 지역들은 가변적인 동맹으로 이합집산이 이루어지고 변모하거나 급진화하기도 했다. 이제 시리아는 분열의 위기에 처해 있다. 다에시가 통제하던 지역의 남은 부분도 빼앗기는 중이다. 쿠르드족이 자신의 소유지를 지켜내고자 애쓰는 동안, 바샤르 알 아사드는 러시아와 이란의 지원을 등에 업고 온건파 저항 세력의 마지막 보루를 하나씩 정복하려고 애쓰고 있다. 아사드의 다라야 점령 이후, 알레포 동부와 알와에르(Al-Waer) 그리고 바르제(Barzeh)가 그들에게 점령되었다. 수천 명의 민간인과 자유시리아군 병사가 항복하고 강제로 퇴거를 당해서 오게 된 이들리브 지역은 반아사드 저항의 종착역이 되었고, 점점 주도권이 커지고 있는 알누스라 전선의 지하디스트에게 위협을 받았다.

조국의 장래가 불투명한데도 우스타즈는 2017년 봄, 시리아 북부로 돌아갔다. 5월에 한 가지 새로운 소식이 그를 즐겁게 했다. 2016년 초, 다라야의 마지막 통행로가 폐쇄된 이후에 다마스쿠스로 피란을 갔던 부인과 아이들을 이들리브 근교에서 다시 만날 수 있게 된 것이었다. 우스타즈는 세 아이 중 포위 공격 이후에 태어난 막내를 처음으로 품에 안았다.

후삼은 건강하게 지내며, 자신의 낙관론을 고수했다. 2016년 말, 후삼은 터키 남동부의 가지안테프에 정착하려고 국경 탈출 안내인의 도움을 받아 국경을 몰래 건넜다. 도착하자마자 그는 가명을 버리고 원래의 이름, 지하드(Jihad)를 되찾았다. 근동 지방에서는 특정 종교와 관련이 없는 흔한 이름이었다.

2017년 1월, 지하드는 이스탄불에서 나에게 연락했다. 제이나와 미래의 처가 식구를 만나려고 전날 도착했다고 했다. 지하드는 프랑스문화원이 있는, 전설적인 보행로인 이스티클랄 거리의 작은 호텔에 묵었다. 나는 작년에 자살 폭탄 테러범이 공격 대상으로 삼았던 도로에서 몇 미터 떨어진 한 카페에서 지하드를 만났다. 나는 아무 얘기도 하지 않았다. 그의 열정을 해치고 싶지 않았다. 지하드는 모든 것에 놀라워했다. 완벽하게 정렬된 건축물들. 높은 수준의 대중교통. 완벽하게 작동하는 전기. 지하드는 한나절만에 이미 이스탄불의 가장 좋은 곳들을 파악하고 있었다. 그는 프랜차이즈 이탈리안 식당인 에아탈리(Eataly)에서 피자를 먹고, 고서점을 순례하면서 십여 권의 책을 사는 데 많은 돈을 썼다.

지하드가 산 책에는 19세기 초 영국의 결혼 제도를 알수 있는 제인 오스틴의 『오만과 편견』도 포함되어 있었다. 포위 공격 당시에 생겨난 책을 향한 열정은 그가 최근에 새 단장을 한 터키 베야지트(Beyazit)의 도서관까지 찾아가게 했다. 심지어 지하드는 짬을 내어 이스탄불의 '작은 다마스쿠스'라 불리는 파티흐(Fatih) 지구 한복판에 있는, 시리아의 젊은 지성인과 예술가가 모이는 집합소인 페이지(Pages)라는 서점까지 찾아갔다. 이스티클랄의 이 카페에서 잘 내린 커피를 두 잔 마신 뒤, 지하드가 자리에서 일어섰다. 그는 몇 가지 행정적인 '걱정거리'를 해결해야 했다. 나는 그와 동행하기로 했다. 요술을 부리며 지폐를 외투 속에 슬그머니 집어넣는 모습에서, 나는 다라야에서 온 수완이 좋고 저돌적인 '후삼'의 모습을 발견했다.

몇 시간 뒤에, 이미 연장되어 있던 비자와 더불어 체류 허가증이 발급되었다. 그러고 나서 우리는 이스탄불의 세련된 구역에 자리 잡은 시리아 영사관으로 가려고 택시를 탔다. 지하드는 영사관에서 여권을 갱신해야 했다. 지하드는 불안해했다. 그는 정부로부터 낙인이 찍혔다는 강한 두려움에 사로잡혀 있었다. 다마스쿠스에 사는 그의 조카가 대사관 사무국에서 일하는 공무원에게 그의 이름을 알려주면서 부탁을 해놓았다고 했다. 다행히 입구를 지나자마자 지하드는 따뜻한 포옹과 함께 한 달 내로 새로운 서류를 발급해주겠다는 약속을 받았다. 제일 큰 적들 사이에 있는 이곳에서도 지인의 추천은 중요한 덕목이다.

"그 모든 일을 겪고 나니 아무 놀랄 일도, 두려워할 일도 없는 것 같아요." 지하드가 면담을 끝내고 나오면서 웃으며 말했다.

지하드는 그날 저녁에 바로 가지안테프로 가는 심야 버스를 탔다. 다음 날 그곳에서 비정부기구(NGO)에 들어가는 시험을 치를 예정이었다. 지하드는 여행의 피로가 쌓인 데다 그토록 짧은 시간에 많은 내용을 닥치는 대로 습득해야 했는데도 시험에 무사히 통과했다. 그의 새로운 인생이 시작될 수 있었다. 하지만 제이나는 빠진 삶이었다. 몇 주 후, 지하드는 약혼녀와 조용히 약혼을 파기했다. 그것은 가정을 이루기 전에 먼저 자신을 되찾으려는 마음 때문이었다. 아무리 의지가 굳세다 할지라도 4년간의 포위 공격은 몇 달 만에 소화되는 것이 아니었다.

오마르, 다른 이름으로는 이븐 할둔에 대한 추억은 언제나 생생했다. 오마르의 생각. 오마르와 나눈 이야기. 오마르의 동료들이 담아둔 그의 영상과 사진들. 2016년 8월 말, 다라야의 강제 철수 다음 날, 협상 위원회는 자유시리아군과 제4기갑사단 간에 전리품 교환의 일환으로 오마르의 묘를 복구하는 것에 합의했다. 오마르는 마침내 가족 곁으로 돌아와, 다라야의 희생자 묘지에 묻히게 되었다. 땅에 판 구덩이 하나, 이름이 새겨진 비석 하나, 마지막 추모를 대신한 꽃 몇 송이. 그가 싸웠던 이 땅, 다마스쿠스 외곽의 이 작은 저항의 보루에서 시리아 계곡에 잠들어버린 오마르는 영원한 잠에 빠졌다. 그는 햇빛을 받으며, 손을 가슴에 모으고 잠들었다. 평안히. 발치에는 글라디올러스 꽃이 피었다. 폐허라는 수의로 몸을 덮었다.

아흐마드는, 도서관의 공동 책임자였던 아부 엘에즈와

조직의 뱅크시*(Banksy)였던 아부 말리크와 함께, 이제 새로운 거처가 된 이들리브에 머물기로 했다. 포위 시절의 옛 동지들과 터키 국경 마을의 작은 집에서 함께 살았다. 아흐마드는 책을 많이 읽으며, 이주민을 돕고, 영화 〈아멜리에〉의 음악을 들으며, 올리브 나무 사이를 거니는 고요한 시간을 즐겼다. 그래도 이곳은 난민 대피소와는 거리가 멀었다.

2016년 말에 아흐마드는 포위당했던 알레포 동부의 반군 진영에서 퇴거를 하던 수천 명의 주민이 폭격의 홍수를 겪고 깨져버린 꿈을 안은 채 이들리브로 모여드는 장면을 악몽처럼 또다시 보게 되었다. 2017년 4월, 이들리브 지역에 가해진 칸 셰이쿤(Khan Shaykhun) 화학 공격도 다라야의 상처를 다시 건드렸다.

"그 소식을 듣고 온몸이 경직되었어요. 누군가 '반복 재생' 버튼을 누른 것 같았어요. 2013년에 우리가 겪었던 일이 고스란히 되살아났거든요." 아흐마드가 털어놓았다.

며칠 뒤, 새로 미국의 대통령이 된 도널드 트럼프(Donald Trump)가 시리아 정부의 입지를 공격하면서 응수했다. 그 뒤 아스타나(Astana) 회담의 재개를 통해 러시아와 시리아

---

* 영국의 가명 미술가 겸 그래피티 예술가, 영화감독

의 공중폭격이 종식되었다. 2017년 5월에 체결된 다소 모호한 협약에 따라 모스크바·테헤란·앙카라는 친아사드와 반아사드 세력 간의 안정적인 정전협정을 확립하고자 이른바 단계적 긴장 완화 구역을 네 개 지역에 설치했는데, 그 가운데 하나가 이들리브였다.

그 뒤로 외관상 정전 상태에서 전해지는 안도감에는 불확실한 내일에 대한 염려가 더해지기 시작했다. 처음에는 영웅으로 환영을 받았던 다라야의 운동가들도 환상을 버리기 시작했다.

"사람들은 제3의 대안을 구체화하여, 정권과 다에시를 대체할 수 있다는 것을 보여주고 싶어 했습니다."

하지만 북동부 지역에서는 분위기도 다르고, 상황은 더 복잡했다.

"다라야에서는 사람들이 투사와 병사 사이에서 의견을 나누었어요. 여기서는 군대의 파벌들이 모든 민간 부대의 결정권을 장악하려고 합니다."

아직도 활발한 온건파 반군이 여전히 있긴 하지만, 알누스라 전선의 지하디스트처럼 더 급진적인 집단들은 점점 더 자신의 원칙을 강요했다. 이들은 반대파의 깃발을 뽑아내고, 강요했다. 시위를 진압하고, 여성들이 라디오 방송국에서 목소리를 내지 못하도록 막았다. 2017년 7월 중순, 이들은 이들리브의 서른 개 지역을 점령했다.

이러한 압박은 아흐마드를 종교에서 더욱 멀어지게 할 뿐이었다. 아흐마드는 짧은 수염을 면도하고, 시리아 여성에게 강제로 베일을 쓰게 하는 것에 반대하며, 과격주의자의 위선을 고발했다.

"이 사람들이 이슬람을 대표하는 것이 아닙니다. 예전에 알누스라와 가까운 한 친구가 저에게 자기 휴대전화를 고치는 것을 도와달라고 했습니다. 이슬람의 신앙고백문이 배경 화면으로 되어 있었어요. 하지만 저장된 자료는 전부 포르노였죠."

아흐마드는 사실 이들리브 지역은 커다란 카르카베(대혼란)라고 인정했다. 분명한 목적도, 정해진 목표도 없었다. 알누스라 전선이 지방의 장악력을 더욱 공고히 하는 동안, 수십 개의 분파가 서로 치열하게 경쟁했다. 정부군이 마지막으로 소탕하려고 올지도 모른다는 두려움도 널리 퍼져 있었다. 반란의 마지막 요새가 반군 세력이 대항하는 최후 전투의 무대가 될까 봐 두려워했다.

하지만 아흐마드는 희망을 간직하려 했다. 시리아 국민의 긴 밤이 끝나면 부흥의 시대가 오리라고 확신한다. 하지만 과연 어떤 형태일까? 그것은 그도 모른다. 그때까지의 시간을 아흐마드는 수많은 계획으로 가득 채운다. 책을 향한 열정에 충실한 아흐마드는 이들리브의 아이들과 여성들을 위한 이동도서관을 만들었다. 불안과 의심이 찾아오는 밤마다, 그는 다라야에서 겪었던 특별한 경험을 다시 생각한다.

며칠 전, 아흐마드는 스마트폰에 저장된 영상 하나를 되살려냈다. 2016년 8월 27일, 포위되었던 고립 지역을 떠나기 두 시간 전에 아흐마드는 황폐한 곳이 되어버린 '수많은 집'을 따라 걷는 자신의 발자취를 영상에 담으며, 도시의 폐허를 홀로 걸어 다녔다. 화면은 건물의 정면이 부서진 도서관에서 멈췄다.

"다라야를 생각할 때면, 제 기억 속에 각인된 모습이 바로 이 장면이에요. 제 머릿속에서는 마흐무드 다르위시가 자신의 시 「포위 상태」를 읊조리는 목소리를 따라, 이 장면이 흑백으로 눈앞에 펼쳐져요."

변치 않는 한 장면, 그것은 책으로 이루고 싶었던 그의 놀라운 꿈에 대한 마지막 기억이었다.

감사의 글

함께 평화와 자유를 꿈꾸었던
충실한 동지들에게

저는 약속의 절반밖에 지키지 못했습니다. 책은 드디어 출간되지만, 기대와 달리 아사드 정권이 다라야를 탈환하면서, 그곳 도서관 책장에서 이 책을 만나볼 수는 없게 되었습니다.

이제 이 책은 아흐마드, 샤디, '후삼'이라고도 불린 지하드, 아부 말리크 그리고 다라야가 포위되었을 당시 충실한 동지였던 모든 이들을 위한 것입니다. 여기에 담긴 내용은 이들이 저항에 평화로이 참여했다는 증거이면서 동시에, 끝까지 지키고자 했던 민주주의와 인간다운 삶을 향한 오랜 열망을 보여주는 것입니다.

전쟁의 한복판에서도, 위험을 마다하지 않고 기꺼이 증언해준 이들의 신뢰와 참여에 무한한 감사를 전합니다.

둘도 없이 소중한 선생님, 무함마드 시하데에게도 진심으로 감사합니다. 이스탄불에 들렀을 때 장시간 토론에 흔쾌히 응해주어서, 이때 나눈 대화를 기반으로 사실을 정확하게 파악하고 다라야의 독특한 상황을 이해할 수 있었습니다.

이 책을 구상하면서, 저는 두 명의 뛰어난 젊은 시리아 통역가인 사라 다두시(Sarah Dadouch)와 아스마 알오마르(Asmaa al Omar)의 전문성과 열정에 큰 도움을 받았습니다. 늘 인내심을 갖고 경청해주었던 두 사람은 밤중이나 이른 아침에 다라야에서 온 메시지를 넘겨주었을 때도 정성을 다해 아주 정확하게 작업해주었습니다. 두 사람 모두 조국을 향한 사랑과 저널리즘에 대한 열정으로 탁월한 기자로 성장하리라 확신합니다.

'보이지 않는 것을 어떻게 보이게 할 것인가?'라는 영원한 질문에 부딪혔을 때, 소설가 루이사 에츠케니케(Luisa Etskenike)의 격려가 없었다면 다라야의 이야기는 지금의 모습을 갖추지 못했을 것입니다. 어떤 형태로 이야기를 전해야 할지 망설일 때, 도움을 주었던 루이사에게 한없는 감사의 마음을 전합니다.

제 작품의 성실한 독자이자 친구인 영화감독 카티아 자르주라(Katia Jarjoura)는 이 책이 비판적이고 객관적인 시각을 유지하도록 해주었습니다. 그에게 끝없이 감사를 보냅니다.

꼼꼼하고 신중하게 교정해준 할라 무하니(Hala Moughanie)에게도 많은 신세를 졌습니다. 항상 작업을 도와주고 사려 깊은 지적을 해주어 저에게 큰 도움이 되었습니다.

친구이자 학자인 카롤 앙드레 데소른(Carole Andre-Dessornes)에게도 늘 따뜻한 조언과 응원을 해준 것에 고마움을 전하고 싶습니다.

특별히 이 책은 너무 빨리 세상을 떠난 전사이자 독자였던 젊은 오마르와 그의 빼앗긴 꿈을 생각하며 완성했습니다. 오마르에 대한 기억이 가족과 친구들이 계속해서 자유를 추구하는 데 힘이 되길 바랍니다.

다라야의 지하 비밀 도서관

1판 1쇄 발행 2018년 6월 27일
1판 5쇄 발행 2021년 7월 12일

지은이 델핀 미누이
옮긴이 임영신

발행인 김기중
주간 신선영
편집 민성원, 정은미
마케팅 김신정, 최종일
경영지원 홍운선
펴낸곳 도서출판 더숲
주소 서울시 마포구 동교로 43-1 (04018)
전화 02-3141-8301~2
팩스 02-3141-8303
이메일 info@theforestbook.co.kr
페이스북·인스타그램 @theforestbook
출판신고 2009년 3월 30일 제2009-000062호

ISBN 979-11-86900-53-6 03300

이 도서의 국립중앙도서관 출판예정도서목록(CIP)은 서지정보유통지원시스템 홈페이지(http://seoji.nl.go.kr)와
국가자료공동목록시스템(http://www.nl.go.kr/kolisnet)에서 이용하실 수 있습니다.(CIP제어번호: CIP201801531